探すのをやめたとき
愛は見つかる

──人生を美しく変える四つの質問

著者
バイロン・ケイティ
Byron Katie

訳者
水島広子
Mizushima Hiroko

創元社

はじめに

だれもが、ひどい状態にあるときを除けば、愛は素晴らしいものだということに同意するでしょう。しかし、人は人生全体を通じて愛に焦《じ》らされながら過ごします――愛を求め、しがみつこうとし、あるいは乗り越えようとして。

また、私たちにとって、愛と同じくらい大きな関心事として、人に認めてもらったり、評価してもらいたいということがあります。ほとんどの人は、子どもの頃から、こうした他者からの評価を求めて多くのエネルギーを費やしています。人を喜ばせたり、感銘を与えたり、また誰かの愛を得るために、さまざまな手段を試し、それが人生なのだと思っているのです。いつもあまりにも当たり前にこうした努力をしているので、なぜそうするのか自問することもないため、私たちはもうほとんどそれに気づかないくらいです。

この本では、愛され認められるためにはどうすればいいかを追求するなかで、何がうまくいって何がうまくいかないかをよく見きわめようとします。そうすることで、他人を操ったり欺いたりすることなく、人間関係がよりうまくいくための方法が見つかることでしょう。そしてあなたがここで学ぶことは、恋愛関係や、デート、結婚、子育て、仕事、友情など、あらゆる人間関係を充実させてくれるに違いありません。

この本を読んでいくうちに、きっとあなたは自分の考えのどれほど多くが、だれかに愛してもらい認めてもらうためのものであるかに気づくでしょう。しかしそれは、通常ほとんどの人が決して気づかないことなのです。それに気づくだけで、あなたは自分の考えとのまったく新しい関わり方を学ぶことになります。自分自身との関わり方、また、配偶者、子ども、両親、上司、同僚、従業員、友だちといった自分にとって大切な人との関わり方が、根本的に変わっていくでしょう。偽りの自分を演出する方法を学ぶ必要はありません。その代わりに、あなたは自分が発見することに、気持ちよく驚き、そしておもしろがればいいのです。

あなたがたった今、愛してもらいたい、認めてもらいたいと思っているのにうまくいかず苦しんでいるのであれば、この本のエクササイズが役に立つでしょう。ほんの一瞬、苦しみから解放されたいという願望を忘れて、真実を求める気持ちでエクササイズをやってみてください。きっと、最大の効果が得られます。ほかの人にとってではなく、あなたにとって本当に真実であることを見つけることができれば、解放はすぐにやってきます。これはアドバイスの本ではありません。その代わりに、今までは考えてもみなかった人生の部分に向き合わせてくれる「質問」を提供します。この方法で自分自身を知ることはきっとおもしろいと思いますよ。そして、あなたが最も期待していなかったところで、自然な光と幸せがどんどん現れることでしょう。あなたがやらなければならないことは、この本に書かれている質問に正直に答えることだけです。それができれば、あなたは自分がいつも求めてきたものは何か、どれほど努力なしにそれを得ることができるかを、発見できるのです。

この本の旅の行き先を理解する一つの方法をお教えしましょう。微笑みについて考えてください。最初は作った微笑みを考えてください。微笑むべきだと思うとき――例えば、写真を撮るときなどに作る微笑みです。微笑みは実際役に立ちますが、それは他人にやさしくしようとして作られるものです。

では次に、自然な微笑みのことを考えてみましょう。この微笑みはわざと作ることはできません。ふりをすることもできません。そして、作り方を説明した本もありません。私たちはだれでも、自然な微笑みが大好きです。そういう微笑みは間違いなく純粋で、どこでも扉や心を開きます。

実際に表面に出てくることはほとんどなくても、あなたは自分の内側のどこかに、まさにあふれんばかりにこの微笑みがあることを知っています。この微笑みは、あなたが自分自身と交わす楽しい会話から生まれてくるのです。ひとたびこれを理解すれば、あなたの人生で他人と関わりのあるすべてのことが変わるでしょう。あなたが今読もうとしている本は、その会話をあなたに経験してもらうために書かれたものです。あなたの気持ちひとつで、そうした会話を自分のものにできるのです。

探すのをやめたとき愛はみつかる

目次

探すのをやめたとき愛はみつかる

――人生を美しく変える四つの質問

I Need Your Love —— Is That True?
by Byron Katie

第1章

自分の「考え」を信じていますか？

　愛というものは、求めれば求めるほど逃げていくように感じたことはありませんか？　あるいは、人から認めてもらおうとすると、不安になることはないですか？　答えが「イエス」であれば、それには理由があるのです。愛を求めたり人から認めてもらおうとすると、確実に、愛に気づけなくなり、認められているということにも気づけなくなるのです。愛というものは、気づかなくなっても、そのものがなくなってしまうことはありません。愛は私たちそのものなのですから。では、私たちそのものが愛なのであれば、なぜあんなに一生懸命に愛を求めて、そしてこんなにもしょっちゅう不満足な結果に終わるのでしょうか？　その理由は、ただ私たちの「考え」にあります――私たちが信じている、間違った考えに。

　今、私が言ったことを信じる必要はありません。この本を読んでいけばその正しさを自分自身で確かめることができるでしょう。あるいは、本を置いて、自分の親しい人間関係について、また逆に親しい人間関係がないことについて、四つの質問をすれば、確かめることができます。そして、その質問によって人生がどれほど変わるかを発見することができるでしょう。

愛を求めたり、認めてもらいたいと思ったり、高く評価されたいと思ったりするときに、私たちは何を考えているでしょうか？　他人に愛されることや認められることが、この世のすべての良いことへのカギだと考えているのです。ロマンスを求めれば、愛、性的パートナー、長続きする親しさ、結婚、家族が手に入る、と考えるのです。そして、社会に感銘を与えようとすること——正しい人たちの賞賛を勝ちとろうとすること——が、名声、富、人生への満足をもたらすための最も良い方法だと考えるのです。

そして、こうしたことがうまくいけば、やすらぎが得られると考えます。安全と温かさが保障され、人から高く評価されると思うのです。そして、失敗すれば？　よりどころがなく、寒さにこごえ、人込みに埋もれ、だれにも気づかれず、寂しく、忘れ去られてしまう……。もし本当にそうなら、確かに恐ろしいし、愛されることや認められることにすべてをつぎ込むことになるでしょう。ほめられれば大喜びするし、きつい一言でそれが台無しになるのも、無理はありません。

こうした根本的な恐怖は、表面に現れてくることはめったにありません。「このままでは社会の隙間から落ちて消えてしまう」と本当に思いながら道を歩いている人はほとんどいないでしょう。その代わりに、一日中、不安な考えが浮かんできます。例えば、「私はあの人に気づいてもらえただろうか？」「なぜ彼女は笑わなかったのだろうか？」「私は良い印象を与えただろうか？」「なぜ彼は電話をかけ直してこなかったのだろうか？」「私はちゃんとして見えるだろうか？」「あれを言うべきだっただろうか？」「あの人たちは今ごろ私のことをどう思っているだろうか？」というふうに。それは、認めてもらうための宝くじの具合を常にチェックしているようなものです。これらの小さな疑念は、そもそも本当のことなのかどうかを問い直されることはほとんどありません。ところが、その疑念がきっかけになって、好意や賞賛を勝ちとったり、あるいは単に人の機嫌をとったりするために考えられた何百という戦略が行動に移されていくのです。ここで口に出されることのない信念は、「人に認められない限り、自分には価値がない」というものです。

皮肉なことに、愛してもらおうとしたり認めてもらおうとしたりしてもがくと、愛され認められているのを感じるのがとても難しくなります。常に人に認めてもらおうとしている人は、自分が人から愛されたり支えられたりしているのは、認めてもらおうと努力しているからではなく、むしろその反対の理由からだということに気づけないのです。そして、奮闘すればするほど、そのことに気づきにくくなります。

どうしてこんな苦境に陥ってしまうのでしょうか？　ここで数ページを割いて、問い直されていない考えがいかにして私たちの経験を作りだすかを見てみましょう。ありふれた、気づかれてすらいない考えが、いかに「必要」を作りだし、切望させ、手に入れようと努力させるかがわかるでしょう。よくある午前三時の不安発作の背後にある考えから始めてみましょう。

午前三時の考え　私を支えてくれるものは何もない

あなたは突然、夜中に目を覚まし、時計を見て、目が覚めなければよかったのにと思います。ある考えが浮かびます。それは、「私はいったいどうなるんだろう？　この世は、冷たく、人情味がない。どうしたらよいかわからない」というものです。このような考えのきっかけとなったのは、昨夜見た投資信託会社のコマーシャルなのですが、あなたはそれに気づきません。次の考えは、うろ覚えの、自己啓発テープからやってきます。「この世界には、何の保障もありません。あなたが何かを実現しない限り、何も実現しません」と。この考えは、あなたをちょっと元気にしますが、すぐに、この類の自分を頼る考えはうまくいかないということを思い出して、どっと落ち込みます。「必要なものはたくさんあるのに。頼りになるものはほとんどない。私には生き残るために必要な能力があまりないし、そもそも私はそういう能力があるようなふりをしているだけだ。私は無力で孤独だ」。その次の考えは、少々の希望をもたらします。それは、「もしも家族や友だちが私をもう少しだけ愛してくれれば、たった一人の人だけでも私を本当に好きになってくれれば、上司が私を本当に信じてくれれば、そうすれば私はこんなに不安にならないですむし、人から支えられているという気持ちになれるのに」というものです。

「私が努力をしなければ支えてくれるものは何もない」という考えは、愛してもらい認めてもらうための行動につながる基本的な考えの一つに過ぎません。これらの考えは、問い直されてもいないし、気づかれてすらいないことも多いものです。ちょっと休んで、この反対を見てみましょう。

日の光のもとで現実をチェックしよう

すべてが私を支えている

あなたの存在を今支えているのが何か知っていますか?

その表面をちょっと撫でてみるために、例えば、あなたが朝食を終えて、お気に入りの椅子に座り、この本を取り上げたと想像してみましょう。あなたの首と肩が、頭を支えています。胸の骨と筋肉が呼吸を支えています。椅子があなたの身体を支えています。床が椅子を支えています。地球が、あなたの住んでいる建物を支えています。いろいろな恒星や惑星が、地球の軌道を支えています。窓の外では、男性が犬を連れて道を歩いています。この男性があなたを何らかのかたちで支えていないと断言できますか? 彼は、あなたの家に電気を供給している会社で、書類整理の仕事をしているかもしれませんよ。

道にいる人たちの中で、そして、その背後で働いている、見えない無数の人たちの中で、あなたの存在を支えていない人がいると断言できますか？　同じ質問が、過去に生きていた先祖たちにも、また、朝食と何かの関係があったさまざまな動物や植物にも当てはまります。どれほど多くの起こりそうもない偶然が、今のあなたを作りだしたのでしょうか！

　このことを少しの間考えてみるために、周りを見回して、自分を支えるために何の役割も果たして**いない**と言いきれるものがあるか、見てみてください。さて、もう一度午前三時の考え「(私が努力をしなければ)支えてくれるものは何もない」を見てみましょう。この瞬間、「私の努力なしにすべてのものが私を支えてくれている」と言ったほうが本当らしいと思いませんか？　その証拠として、あなたはここで、椅子に座って、何もせず、完全に支えられているのです。

　すべてのものがあなたを支えているのです。あなたがそれに気づいていようといまいと、考えようと考えまいと、理解しようと理解しまいと、それを好きであれ嫌いであれ、あなたが幸せであろうと悲しかろうと、眠っていようと起きていようと、やる気があろうとなかろうと、支えているのです。お返しに何かを要求することなく、ただひたすら支えているのです。

　たった今、椅子に座って、呼吸をしているとき、あなたが呼吸を**している**わけではなく、呼吸を**させられている**のだということに気づいてください。そのことを意識している必要もありませんし、呼吸の必要性を思い出す必要もありません。なぜなら、それも支えられているからなのです。存在のために必要なことが複雑であっても、ちゃんと満たされているのです。この瞬間、あなたに必要なものはありませんし、しなければならないこともありません。そう考えることがどんな気持ちか、気づいてください。

　さて、あなたが持って**いない**ものについて考えてみましょう。きっと何か思いつけると思います……。

❖あなたを天国から追い出す考え

あなたを天国から追い出す考えは、「クッションがあればもう少し気持ちが良くなるだろうな」というようなものかもしれません。あるいは、「私のパートナーがここにいれば、もっと幸せだっただろうな」というようなものかもしれません。

その考えさえ浮かばなければ、ただ椅子に座って、支えられ、呼吸をしているだけで、あなたは天国にいるのです。何かが足りないと考えはじめると、何が起こりますか？　直ちに起こることは些細なことでしょう。すでに持っているものから注意が離れると、ちょっと落ち着かなくなるだけでしょう。でも、その注意の転換によって、あなたは椅子に座って感じていた心の平和を失うのです。快適さを求めて、あなたはかえって不快を自らに与えてしまうのです。

クッションがあったらどうでしょう？　それは役に立つでしょう（あなたがクッションを持っていれば、ですが）。再び天国に戻った気分になるかもしれません。本当に必要なものだったのかもしれません。あるいは、受話器を取り上げて、パートナーを（パートナーがいれば、ですが）説得し、もしかすると、パートナーは本当にやって来るかもしれません。そしてあなたはもっと幸せになるかもしれませんし、ならないかもしれません。とりあえずその間は、心の平和が訪れるでしょう。

「もし……だったらもっと安心なのに」とか、「いつもこんなだったらよいのに」とか、あるいは「コーヒーを一杯飲みたい」と思うだけでも、あなたは天国から追い出されます。ほとんどの人が、状態をより良くすることに忙しすぎて、自分が天国から出てしまったということに気づかないのです。どこにいても、いつでも、何かがあったり、だれかがいたりすれば、もっとよいと思うのです。

さて、それではどうすれば天国に戻れるでしょうか？　まずはじめに、あなたを天国から連れ去った「考え」に気づきましょう。あなたの「考え」が言うことを、すべて信じる必要はないのです。まずは、**あなた**が、自分の幸せを奪うために使っている考えは何かを知りましょう。自分自身をこういうふうに知っていくのは、最初は奇妙に思えるかもしれませんが、ストレスをもたらす考えがわかるようになると、あなたが必要とするものすべてをどうすれば手に入れられるかがわかるようになります。

❖自分を知る

自分の考えに気づくようになると、最初にわかることの一つが、自分は決して一人ではないということです。恋人と一緒のとき、あるいはほかのだれかと一緒のときにも一人ではありませんし、自分だけでいても一人ではないのです。あなたがどこに行こうと、だれといようと、頭の中の声がついてきます。あなたに対して、ささやいたり、がみがみ言ったり、そそのかしたり、評価を下したり、ぺちゃくちゃしゃべったり、恥をかかせたり、罪の意識を与えたり、怒鳴ったりしながら。朝、目を覚ますと、考えはあなたと共に目を覚まします。あなたをベッドから押しだして、仕事についてきます。職場の人たちについてコメントをします。トイレにもついてきて、車に乗るときも乗り込んでくるし、一緒に帰宅します。家でだれかが待っていようといまいと、あなたの考えは、あなたを待っているのです。

一人になるのが怖いとしたら、それは自分の考えが怖いということです。自分の考えを愛していれば、どこにいても、一人になるのが嬉しいでしょう。車に乗ったときにラジオのスイッチを入れる必要もないし、家に帰ったときにテレビをつける必要もないでしょう。自分の考えとの関わり方――それこそが、あなたが、自分自身との関係も含めて、すべての人間関係に持ち込んでいるものなのです。

❖ でも、ちょっと待って！

あなたは首をひねっているかもしれません。「私の頭の中の声って、私のことなのでは？　私が自分の考えを考えているのではないの？」　この質問には自分で答えられます。頭の中の声が自分自身だとしたら、**それを聞いているのはだれなのでしょう？**

朝、目が覚めたとき、自分は考えているのだということを認識する前に、あなたはすでに考えさせられています。考えが勝手に現れるのです。あなたが**やっている**のではありません。時として、考えよりも前に目が覚めることもあるでしょう。その状況を理解しようとして頭が数秒間空回りし、考えが浮かんでくると、世界が再開します。「私は○○である。ここは□□だ。私の隣にいる人は夫だ。今日は火曜日だ。起きて仕事に行かなくちゃ」。あなたが起きている間じゅう、このプロセスがずっと続くのです。すべての瞬間に、考えがあなたの世界と自己を作りだしているのです。

あなたの最も親しい相手は、あなたの「考え」である。

❖愛について、あなたの考えが言いたいことは？

自分の考えに耳を傾けてみると、愛があなたにとってどういうものなのかを教えてくれていることに気づきます。例えば、愛に失望したあとには、傷つきやすい気持ちになります。するとあなたの思考は、「お前はひどい目に遭った。お前は捨てられた。拒まれた。お前は、空っぽで、寂しい、不完全な人間だ」ということを伝えてくるでしょう。「愛がなければ、再び良い気分になることはないだろう」と言うかもしれません。あなたが不安で、安全や安心を求めていれば、あなたの思考は、「愛があれば救われるだろう」と言うかもしれません。人生に失望したり理不尽なことが起こったりしたときにも、多くの人が、愛がその解決策になると考えます。ここで、あなたが何を考えているかを見てみましょう。あなたが愛に求めたり期待したりしているものは何か、自分自身に問いかけ、愛がもたらしてくれそうなものを五つ挙げてください。

ほとんどの人が、**愛**と**必要**は同義語だと信じています。その証拠に「あなたを愛しているの。あなたが必要なの」というフレーズを、何千というラブソングで耳にしますよね。

人生で本当に必要としているものを自分に尋ねてみれば、おそらく、愛について挙げたものと同じようなリストができるでしょう。人は、年を重ねていっても、つまるところ同じものを求めているのです。ただ、年とともに、その求め方が少し洗練されてくるだけです。以下の例のように。

ママ――!

アタチの! ボクの!

ちょうだい!

――が欲しい。

――がいるの。

――をください。

あなたの愛が必要なの。

あなたは私の要求を満たしてくれない。

あなたに――をしてほしいの。

――なしではやっていけない。

あなたがやらなければならないことは――。

自分が求めるものや必要とするものについての「考え」は、ともするととても傲慢な感じになることがあります。自分の考えを信じると、その考えの求めるとおりに行動しなければならないと感じます。つまり、人に愛してもらったり認めてもらったりしなければならないと思うのです。でも、そうした考えに応えるのには、別のやり方もあります。それは、〝問い直す〟ことです。どうすれば、自分の欲求や必要を問い直せるのでしょうか? どうすれば、考えをそのまま信じることなく、見つめることができるのでしょうか?

第2章 愛についての思い込みを問い直す

❖ 愛を求める考えや気持ち

愛についての情熱や不幸を「考え」という観点から見ようとするのは、最初は奇妙に思えるかもしれません。特に不幸については。でも、少し落ち着いて見てみれば、ストレスフルな気持ちを引き起こすのは、いつも同じ考えだということがわかるでしょう。愛についての不安は、単純で子どもじみた思い込みの結果起こってきます。これはだれもが、九〇歳の人ですらもっている考えなのです。「私にはあなたの愛が必要」「あなたなしではやっていけない」というような思い込みは、あなたを愛に導いているようなふりをしていますが、実のところ愛の邪魔をしているのです。

いやな気分になっている人は、時々、その原因を作った考えを特定することができないと言います。ただただ、感情が洪水のように襲ってくるのを感じることしかできないのです。これは、そこには〝考えがない〟ということを意味するのではありません。例えば、あなたが何か心からの言葉を言ったのに相手が返事をせず、立ち上がって部屋から出て行った、というような状況を考えてみましょう。あなたはそこに座ったまま取り残され、世界が終わったような気持ちでいます。そのときの考えは、「彼は私に興味がないのだ」というものかもしれません。それとも、「どうでもいいんじゃない？　どうせだれも私のことなんて気にかけていないんだから」というものかもしれません。

あなたがたった今いやな気分になっていないのであれば、これを読みながら、あなたが過去にとてもいやな気分になったときのことを思い出してください。静かに、そのときの気持ちを呼び起こしてみてください。あなたが今いやな気分で、感情の背後にある考えを見つけられそうもないのであれば、次のことを試してください。自分の中で、気持ちを最も強く感じているところに入っていくのです。これは、気持ちが作りだしている身体の感覚に浸っていく、という意味です。もう一度、自分をいやな気分にしてください。自分自身のためにやるのです。そして今度は、それに声を与えてみましょう。もしも気持ちがしゃべれるのなら、それは何と言うでしょうか？　そして、それをだれに言うでしょうか？

慌ててはいけません。きちんとやってください。そうでなければ、本当にあなたを傷つけている考えの代わりに、何やら、賢そうだったり親切そうだったりするものが出てきてしまうからです。そう、自分の考えはこういうものである**べき**だ、というものが。

あなたが新しい友人との一週間の旅行から帰ってきたところだとしましょう。そして、あなたの希望は見事に打ち砕かれたとしましょう。心理学的に正しい考えは、例えば、「私の期待が高すぎたのだ」というものでしょう。でも、それは、あなたの気持ちが「あなたにはがっかりだわ」「あなたは私を傷つけた」「あなたは嘘をついた」「あなたは見かけとは全然違う人だ」というようなことを言っているときに探すべき考えではありません。あなたの本当の考えは、あなたがこの瞬間に子どものように口に出してしまうものなのです。**その**考えを、できるだけ遠慮なく書いてみましょう。それが、あなたが探している考えなのです。

苦痛や落ち込みを引き起こす考えの中には、あまりにも長い間、あまりにも身近に抱いてきたので、存在に気づいてすらいないものも多いのです。そして、その考えを自分が信じているのかということを問いかけてみたこともないのです。

ちょっと立ち止まって問い直してみたらどうなるでしょうか。自分を最も苦しめている考えを本当に信じているのかどうかを調べる方法があったらどうでしょうか。この本で紹介する「ワーク」は、まさにその「方法」なのです。ワークを一つの方法と考えるのは、ほんの一時的なことです。ワークをしばらくの間やってみると、それが自動的になってくるのがわかるでしょう。つまり、考えとの自然な関わり方になってくるのです。考えをそのまま信じるのは、**不自然**で、自分をばかにすることだと思うようになり、そして、考えを問い直すことが自分を現実に引き戻すのだということがますますはっきりしてくるでしょう。

それでは、どのようにして、ワークを用いて、考えを問い直すのでしょうか。

❖ 愛を求めたり認めてもらおうとしたりする気持ちを「ワーク」する

考えを問い直す実際のやり方をお伝えする前に、感覚をつかめるように、まずそのプロセスをざっと見てみましょう。

それは本当？

自分を苦しめている考えを見つけたら、最初にすることは、それが本当かどうかを自分に問いかけることです。これは、自分を苦しめている考えを本当に信じているのか、自分の内面に入って、真実に照らして、チェックしてみるということです。その考えはあなたが真実として知っていることと合致するでしょうか。ほとんどの場合、そうではありません。

考えが真実に合致するということを信じる理由は何もありません。人生の中で、考えは、暗闇で鉄砲を撃つように、次々と現れてきます。それは、自分の人生に何が起こっているのかを理解しようとする、漠然とした試み以上の何物でもありません。愛を求めたり認めてもらおうとしたりするとき、多くの考えは、あなたが気にしている人の行動を読み解くことや、その人たちの頭の中で起こっていることに理屈をつけるために現れます。

ある意味では、すべての考えは質問をもちかけるものです。例えば、「今起こっているのは**こういうこと**なのだろうか？」というふうに。何かについての考えは、正確に表現されれば、こんなふうになります。「彼は私を侮辱したと思う――そういうことだったのだろうか？」でも、子どもと同じで、私たちは、不安になる部分にだけ注目しがちです。つまり、「彼は私を侮辱した」という部分に。そこだけを把握して、その考えが正しいかのように反応するのです。考えがほのめかしている質問、「彼は私を侮辱した――本当にそういうことだったのだろうか？」に答える代わりに、苦しんだり、相手を攻撃したりするのです。（もしも、あなたが親しげに手を振ったのに彼が応えなかった理由は、ただ、メガネをかけていなかったので見えなかった、ということだったらどうしますか？）

その考えがあるときとないときとで、あなたの生き方はどう変わるでしょうか?

不快な気持ちやストレスフルな気持ちはすべて、あなたが〝本当でない考えを信じている〟ということを知らせる警報です。このステップで、考えを信じることで何が起こるかを初めて調べてみるのです。自分の感情と身体に対して、考えが何をもたらすのかに詳しく気づくのです。例えば、あなたの考えが「彼は私のことを気にかけてくれない」というものだとしましょう。自分がその考えに囚われているときに、どんなふうになるかをよく見てみてください。その考えはあなたにどういう影響を与えるでしょうか。その考えを信じたとき、自分自身や、彼を含む他人にどういう態度をとるでしょうか。自分自身を憐れみますか。傷ついて、腹が立ちますか。あなたは被害者になるのでしょうか。彼に話しかけるのをやめて、〝例の視線〟を投げかけるのですか。同僚や子どもにガミガミ言いますか。睡眠には影響がありますか。

それから、想像力を働かせてみましょう。その考えがなければ、自分はどういうふうになるのかを想像してみるのです。その考えを信じなかったり、考えることもできなかったりしたら、どうなるでしょうか。この瞬間だけ、考えが正しいかどうかは気にしないでおきましょう。ここでのポイントは、実験してみることです。その考えを信じなければ、自分の人生はどんなふうになるかを考えてみるのです。想像の中で、「彼は私のことを気にかけてくれない」という考えなしで、彼のことを見てみましょう。そして、しばらく、そのままでいましょう。

このステップでは、ある考えを信じる結果、何が起こるかに気づくことができます。その考えを信じたときに起こることに徹底的に浸り、それから、その考えがないとどうなるかをちょっと味わってみるのです。

「ひっくり返し」：反対も同じくらい正しい？

これは、考えを問い直すための最後のステップです。鏡のように、頭は物事をひっくり返してみることができます。ですから、考えをひっくり返してみましょう。これは、思いつく限りのやり方で、文字通り、向きを反対にしてみるということです［訳注：「主語」「目的語」「肯定文」「否定文」など、考えられるあらゆるひっくり返しをしてみます］。それから、これらのひっくり返しバージョンが、もとの考えと同じくらい本当か、あるいはそれ以上に本当らしく思えるか、自分自身に問いかけましょう。実際、そうであることが多いのです。

「彼が私を侮辱した」という考えをひっくり返してみましょう。まず、相手に向けて、次に、自分自身に向けて、それから、正反対に。

私が**彼**を侮辱した。（彼が手を振らなかったときに、すぐに自分の結論に飛びついて、彼に厳しい評価を下した。）

私が私を侮辱した。（悪意がなかったかもしれない行為を侮辱と思い込んでしまった。自分の頭の中で、侮辱を作りだしたのはこの私だ。そして私の怒りの考えは、自分を、ちっぽけで卑劣な気持ちにさせた。）

彼は私を侮辱**しなかった**。（たぶん、彼は私に気づきもしなかったのだろう。たぶん、彼は別のことを考えていたのだろう。彼が本当は何を考えていたかなんて、私にはわからない。）

それは本当のことだと頭が証明しようとすればするほど、轍《わだち》にはまった車輪のように、ますます深みにはまっていきます。「ひっくり返し」をやってみて、ひっくり返しも正しい可能性があるかどうかを考えてみることは、車を前後に動かして泥から抜け出させようとするのに似ています。

例えば、あなたは今、自分の恋人が、あなたの家から一〇〇〇マイル（約一六〇〇キロ）も離れたところの仕事に就くのはひどいことだと確信しているとしましょう。この考えによって、あなたは不安で身動きがとれなくなります。その考えをひっくり返してみると、あなたの行き詰まった頭が決して考えてもみないような可能性が見えてきます。恋人がその仕事に就いて引っ越すのは良いことだという考え方が何かあるでしょうか。あなたの頭は、その可能性を考えてみるのも嫌がるかもしれません。それが、本当の行き詰まりというものです。

でも、反対の考えを支持する理由を一つでも見つけられたら、どうでしょうか。たぶん、こういうものが見つかるでしょう。恋人の新しい仕事は彼を素晴らしく充実させ、あなたたちの関係はそのために改善するかもしれません。これが本当かもしれないという可能性を少しでも考えられれば、恐れは減るはずです。彼がいなくなることで、あなたは友だちとの時間をもっともてるようになるかもしれないし、運動を始められるかもしれないし、前から受けてみたかった講座を受けられるかもしれません。たぶん、彼が魅力的な都市に引っ越せば、あなたもそこに行けるようになるだろうし――ことによったら、引っ越すことになるかもしれません。これらの理由を信じる必要もないし、やってみる必要もありません。ただ、轍からあなたを解放する理由を見つけてみるだけでよいのです。自分がひどいと確信していた状況が結局それほどひどくもないという可能性に心を開くことによって、どれほど心が軽くなり安心するか、あなたは驚くことでしょう。

このエクササイズには抵抗を感じるかもしれません。自分が恐れていることを何らかのかたちで引き起こすだろうと思うからです。この例では、恋人の引越しに対して心を開くということは、わずかの間だけであっても、それに反対する気持ちを弱めることになるだろうと思うでしょう。でも、本当にその考えを見てみれば、逆のほうがもっと本当らしいものです。人は恐れて硬直した姿勢をとると、防ごうとしているものを引き起こしてしまうことが多いのです。「ひっくり返し」をすれば、もっと余裕ができます。どうすれば問題を平和的なやり方で解決できるかを見られるようになります。あなたが必死で自分の立場を守っていたときに考えた以上のことを。

「ひっくり返し」を支持する理由を見つけるのが難しい人がいれば（「これはとんでもない挫折で、それ以外のものではない」「これが良い結果につながるって？　とんでもない！　そんなこと、考えたくもない！」）、「ひっくり返し」が正しいと思える理由を三つ見つけるようにお勧めします。頭が抵抗して動こうとしないときでも、理由を三つ見つければ、最初はばかげて見えたり些細なことに思えたりしても、あなたを轍から解放して、興味深い可能性への道へ戻してくれるということがわかるでしょう。

❖ 自分自身の問い直しのやり方

これで全体の様子を読み終わりましたので、ここからが**実際の「ワーク」のやり方**になります。

ワークシート

1 現在あるいは過去の何らかの状況についてあなたの心が乱れている、あるいは不満だというとき、頭の中を駆け巡っている考えに気づいてください。そして、今自分のことを最もいやな気持ちにさせているものを一つ書いてください。それは気持ちであって考えではない、と確信しているのであれば、その気持ちに声を与えてください。気持ちが何と言うかを書いてください。短く、単純な文章で書いてください。例えば、「彼は部屋から出て行ったが、それは彼が私のことを気にかけていないという意味だ」というふうに。あなたを苦しめている考えを書くだけでも、強力な行為です。そうすれば、それを問い直せるのですから。

2

それが本当であるかどうかを**自分に**尋ねてください。「彼は私のことを気にかけていない」――それは本当ですか？　あなたが教えられたことや学んできたことと、その考えが合致するかどうかを尋ねないようにしてください。人生がどうあるべきかを考えないように（あなたがキッチンに入ってきたときに、彼は新聞を置かなかった。遅くなるときに電話をしなかった。「行ってきます」と言わずに出かけた――でも、それが、彼があなたのことを気にかけていないということだと、断言できますか？）。答えがどうある**べき**かを知っている「自分」には相談しないでください。尋ねてほしいのは、その考えは、あなたが本当に知っていることと合致しているかどうか、ということです。その考えは、あなたの最も深いところの真実の感覚に響きますか。彼があなたのことを気にかけていないというのは本当だと、絶対に言いきれますか（ここでは、「わからない」という答えは、「はい」「いいえ」と同様に良い答えです）。

3

この考えを信じたときに、自分がどうなるかを探ってみましょう。全体として、この考えはあなたの人生に平和とストレスとどちらをもたらしますか？　愛する人たちとより親しくなれますか、それとも距離を感じるようになりますか？「彼は私のことを気にかけてくれない」という考えを信じると、あなたはどうなりますか？　それを信じるのはどういう感じですか？　自分自身と他人にどういう態度をとりますか？　なにより彼にどういう態度をとるでしょうか？　時間をかけて、このプロセスをやってみてください。その考えを信じている自分を思い描いてください。あなたの反応は悲しみですか？　落ち込みですか？　怒りですか？　彼と距離をとりますか？　もう一度彼を取り戻そうとしますか？　自分自身に評価を下して、負け犬のように感じますか？　タバコに火をつけますか、それとも冷蔵庫に向かいますか？　できるだけ正確に詳しくやってみてください。

4

その考えがなければ、人生はどうなるかを探ってみましょう。この考えがなければあなたがどうなるかを、ちらりと想像してみてください。苦しい考えの代わりの、もっと良い考えを探さないように。ただ、その考えなしに自分の状況を見たときにできる余裕の中に、少しの間だけとどまってみてください。その考えを思いつく能力もないふりをしてください。それはどんなふうでしょうか？「彼は私のことを気にかけてくれない」という考えなしに、あなたの心の目で彼を見てください。たぶん、それは、ただ新聞に夢中になっているだけの男性かもしれません。妻を愛しているけれども、今は新聞から妻に注意を移したくないだけの。「彼は私のことを気にかけてくれない」という考えがなければ、たぶん、彼が楽しんでいるということを楽しみやすくなるでしょう。

5 考えをひっくり返してみましょう。考えの反対のバージョンを考えてみましょう。どれかの「ひっくり返し」がナンセンスであっても、気にしないでください。もとの考えをいろいろなやり方でひっくり返してみて、最も深いところに染み込むものを見つけましょう。

「彼は私のことを気にかけてくれない」のひっくり返し

私は**彼**のことを気にかけていない。(私は傷ついた気分になると、引きこもってしまうか、怒ってしまい、彼の気持ちを気にかけてあげなくなる。)

私は私のことを気にかけていない。(私は自分が愛している人と対決姿勢に入ると、自分のことを気にかけてあげなくなる。私は自分自身の心の平和を奪い去ってしまう。私は自分自身を敵意に満ちた状況に置き、自分で敵を作りだし、自分自身にたくさんのストレスと悲しみを与える。こういうふうになると、過食や喫煙といった嗜癖行動が始まってくる。）

彼は私のことを気にかけてくれて**いる。**（彼は私のことを愛しているけれども、とげとげしいしゃべり方をしているのかもしれない。彼は私のことを愛しているけれども、別れたいと思っているのかもしれない。）

「ひっくり返し」バージョンのどれかが、もとの考えと同じくらい正しく思えるか、あるいはそれ以上に正しく思えるか、自分自身に尋ねてみてください。そして、もしそうであれば、それが本当である理由を三つ見つけてください。「ひっくり返し」は、驚くほどあなたをこり固まった「考え」から自由にしてくれます。特に、前述したステップを踏んで、考えを信じる気持ちを緩めたあとにはそうです。

❖ 四つの質問をして、ひっくり返しましょう　ワークのやり方をポケットに入れて持ち歩きましょう

ストレスをもたらす考えに気づいたら、四つの質問をして、ひっくり返してみれば、考えの問い直しができます（次のページの簡略版から始めるとよいでしょう）。それでもあなたを悩ましつづける頑固な考えに出会ったら、二九〇ページに「問い直しのためのさらなるツール」がありますので、活用してください。

四つの質問

・それは本当ですか？

・それが本当だと、絶対に言いきることができますか？

・その考えを信じると、あなたはどうなりますか？

・その考えがなければ、あなたはどういう人になりますか？

考えをひっくり返して、それぞれの「ひっくり返し」が、もとの文章と同じくらい本当か、あるいはそれ以上に本当であることを示す三つの例を挙げてください。

第3章

認めてもらいたい

　ある女の子が公園で自分の遊びに夢中になっています。突然、指がパチンとはじけて、自分で驚きます。周りの子どもたちは、笑って拍手をします。それまで、女の子は周りにほかの子がいることにも、ほとんど気がついていませんでした。女の子は、指をまたパチンとはじいて、また子どもたちが拍手をするかどうかを見てみます。公園中、子どもたちが「見て！　見て！」と騒ぎになります。自分が欲しかった反応が得られると喜び、そうでなければがっかりします。さきほどの女の子は最初、自分が何を発見したのかよくわかっていませんが、ワクワクしています。たぶん自分は仲間に入れてもらうためのカギを見つけたのだろうと思います。次は、それまでとは違ったやり方で指をはじいてみます。もう自分で楽しむために遊んでいるのではありません。他人から得られる反応へと焦点は移っています。そして、そのために、うまくいかなかったときの不安が起こってくるのです。

　子ども時代が終わるまでに、私たちの多くがいろいろなやり方で指をはじいています。私たちが知っているほとんどすべての人から認めてもらうために。パートナーや子ども、両親、仕事の同僚、エレベーターに乗り合わせた知らない人に対してですらそうです。人から認めてもらおうとすることは、私たちの人生の一部になってしまっていて、自分がそうしていることにほとんど気づかないくらいです。それを友だちや同僚の中に見つけるほうが簡単です。この人は私といるときにはおしゃべりで楽しいけれど、婚約者が近くにいるときには静かだ。職場のあの人は上司にいつもおべっかを使っている。この人は注目の的でなければ気がすまない。ヨガのグループのこのメンバーは、先生が近くにいるときには特に穏やかでニコニコしている。あの母親は子どもの言いなりだ。

こういう行動は、望ましいものではないために、あなたの注意を引くからです。リラックスしてお互いに知り合うために開かれたディナー・パーティーが、うわべを競う厳しい試練になってしまうのはなぜでしょうか。問題解決のために開かれたビジネス・ミーティングが、参加した役員に良い印象を与えるための機会に変わってしまうのはなぜでしょうか。それは、認めてもらうことが中心舞台に移ったからです。

この問題の背後にある、口にされない考えは何でしょうか。あなたの友だちを不安にする考えを想像するのは難しくありません。なぜかというと、同じ考えをだれもが抱いたことがあるからです。「私が本当はどんな人間かわかったら、彼は私を嫌いになるだろう」「だれかが私に気づいてくれなければ、幸せになれない」など。あなた自身はこのような考えに基づいて行動するかもしれないし、しないかもしれませんが、いずれにしても、自分の内面を見つめれば、おそらくこのような考えを見つけることはできるでしょう。

第2章で、頭をよぎる考えを信じる必要はないということを述べてきました。それが事実のように思えても、です。ここからの章では、ちょっとした人間関係、友情、職場での人間関係の背後に隠されていることの多い信念について探っていきましょう。すると、それがあなたにとって真実なのかどうかを見てみる機会が得られるでしょう。そして、恋に落ちる場合、カップルになる場合、結婚の約束をする場合、さらに恋愛関係についても同じことをやっていきます。「問い直されていない信念」というグラグラした土台の上に築かれた人間関係に何が起こるのか、そして、なぜこんなにもしょっちゅう人間関係が壊れてしまうのかを調べ、別のやり方があるということを見ていきます。

あなたはそれを小説のように読むこともできます。他人が愛を求めたり認めてもらおうとしたりするのを、恐れおののきながら、あるいは楽しみながら、ただ見ていくこともできます。でも、話の背後にある考えがあなたのものと似ているような気がしたら、立ち止まって気づいてください。それが、あなた自身の気づきへの入り口なのです。あなたが苦しみから解放されるのは――つまり自由になるのは――**人生のどこでこういう考えを信じているのか**を発見するときなのです。その考えを見つけるためには、苦しい出来事からさかのぼってみなければならないかもしれません。「なぜ私は何年たっても彼のことを許せないのだろう」「彼との電話をやめたいのに、なぜやめられないのだろう」「なぜ彼女に本当のことを言えなかったのだろう」。このような、苦しい、あるいは気まずい出来事を引き起こした考えをたどっていくことができれば、軌道に乗ったといえます。こういう考えが、問い直されないままに、別れや惨めな結果につながっていくのです。「考え」を見つけたら、信じていることは本当に正しいのかを問うことができます。その考えのせいでどれほど苦しんできたかに気づくことができます。そして、その考えを信じるのをやめれば、もともと自分の中にある平和と愛を見つけることができるのです。

❖ 認めてもらうための仮面舞踏会

好印象をもってもらう

ほとんどの人が信じている考えから見ていきましょう。それは、「人から好かれるためには、自己アピールして人の好意を勝ちとる必要がある」というものです。産業全体がこの考えを中心に作られており、明らかに正しいように思えます。でも、本当にそうなのでしょうか？　見てみましょう。

人の好意を勝ちとるためには、あなたの最初の印象から始めなければなりません。だれかに良い印象を与えようとするということは、その人の頭に刻みつけたいイメージを押しだすことを意味します。それはたぶん、自分が正直で率直な人間だと思ってもらいたかったり、あるいは、頭が良いと思われたかったり、魅力的だと思われたいということかもしれません。相手にそういうイメージを刻みつけたいのです。まるで、あなたが大きなゴム印を持っていって、その人の頭に良いイメージを押しつけるようなものです。そのイメージをうまく印象づけることができれば、関係は良いスタートを切るというわけです。これが、たくさんの人が信じている考えです。でも、本当でしょうか？

本当かどうかを調べる一つの方法は、だれかがあなたに良い印象を与えようとしているときにどんな感じがするかに気づくことです。だれかが大きなゴム印を持ってあなたのところにやって来たら、あなたはどう思いますか。あなたの目からは、そのゴム印は、「本当にあなたに好かれたいんです」とか「あなたから何かを得たいんです」というふうに見えるでしょう。あなたはちょっとうんざりして、会話を始めようとしてみるでしょう。でも、その人がいつまでも「本当にあなたに好かれたいんです」とスタンプをあなたに押しつづけようとしたら、どうしますか。しばらくするとあなたは会話をあきらめるでしょうし、その人が本当はどういう人かを知りたければ、あなたに良い印象を与えようとする努力を「迂回」する道を見つけなければなりません。

人があなたに良い印象を与えようとする試みは、実際にその人を好きになるのに役に立っているでしょうか。そもそも人に良い印象を与えなければならないと思うこと自体、役に立つことなのでしょうか。実際のところ、あなたは人に対する気持ちをどのように決めますか。その人が言ったりしたりしていることを見たり聞いたりして、それから、時期がくれば、気持ちは自然に決まるものです。

自分が何を求めているのかに気づく

エクササイズ　自分の考えに気づきはじめる

大人になる頃までには、人から認めてもらおうとするのは一種の「第二の天性」になってしまうので、それによって心の働きがどれだけ占領されてしまっているかは、なかなかわからないものです。気づきはじめるための方法を、いくつかご紹介しましょう。

まず電話から始めるとよいでしょう。話している相手にはあなたが見えません――でも、あなたには自分自身が見えます。だれか重要な人に電話をかけるために受話器をとるところから、あなたの「考え」を観察してください。何を話すか考えてありますか。相手にこんなふうに思われたいという考えが何かありますか。そのときにさっとよぎった考えに気づいてください。

このような状況と関係があるのはどんな気持ちでしょうか。あなたが実際にそのような気持ちを感じるところを見つけてください。気持ちをたどって、それがあなたの身体のどのくらいの部分に影響を与えているかに気づいてください。

自分にとって重要な人と実際に顔を合わせる前に、どういうふうになるだろうと想像しますか。賢いコメントを練習したり、何を話題にするか、何を提案するか、何の話は避けるか、ということを考えておいたりしますか。

相手と会っている間、相手の目に自分がどう映っているか、不安に思いますか。「なぜ彼は笑っているのだろう？　私のことを信用していないという意味かもしれない」「なぜ彼女は笑わないのだろうか。退屈だということかもしれない。どうしたら笑わせられるだろうか」

その後、うまくいったかどうか、心の中で反省会をしますか。どこでポイントを稼いで、どこでポイントを失って、本当は何を言ったらよかったのか、何をしたらよかったのか、考えてみますか。これは楽しいですか。それともストレスになりますか。

恋愛関係では、次のようなことを考えますか。「彼女は僕に気づいただろうか」「彼女は僕が見かけ倒しだと思っているだろうか」「僕が言ったことは問題なかっただろうか」「彼女にキスをすべきだっただろうか」「彼のアパートが好きなふりをすべきだろうか」「彼は私のことが嫌いになったのだろうか」「彼女は僕と別れようとしているのだろうか」「彼はあるがままの私を愛してくれない」「彼女は本当は僕とつきあいたくないんだ」。

このエクササイズでは、これらの考えについて何かをする必要はありません。ただ、自分がどんな考えをしているかに気づいてください。

エクササイズ　考えを信じると、何が起こるかに気づく

人と話をするときに、わざと自分の「考え」に耳を傾けてみましょう。その考えを信じると、何が起こりますか？　釈明や正当化をしたりして他人の気持ちを操作しようとしている、あるいは、自分のことをこんなふうに考えてほしいと思って何かの逸話を話している、そんなときには、自分の顔の表情、声、目、身振り、笑いをどのように利用しているかに気づきましょう。あなたがだれかの愛を求めたり認めてほしいと思ったりしていたときのことを――それは今日かもしれませんが――思い出してみましょう。愛を求めたり認めてほしいと思ったりしたとき、あなたが言ったことや、やったことで、苦痛だったのは何でしたか？　さて、以下の質問への答えを書いてください。

1. あなたはその人から何を求めていたのでしょうか？　リストを書いてください。
2. 自分がその人からどのように見えるかをどうやって操作しようとしましたか？　やり方のリストを書いてください。
3. その人に、あなたを特にどういうふうに見てほしいと思いましたか？　リストを書いてください。
4. 嘘をついたり誇張したりしましたか？　例を挙げてください。何を言いましたか？　リストを書いてください。
5. その人の話を本当に聞いていましたか？　それよりも、自分はおもしろく、魅力的で、頭が良いと思っ

てもらうことのほうに関心がありましたか？
6. 愛を求めたり認めてほしいと思ったりしたとき、いやだったことは何ですか？　リストを作ってください。
7. 愛を求めることや認めてもらうことをやめようとすると、何が良かったですか？

自分がどれほど人から認められようとしているかということを見るのは恥ずかしいですし、自分の手に余るようにすら思えます。私の九日間のスクールでこれをやってもらうと、お互いに助け合うことができるので、やりやすいようです。私は、参加者の中から、皆の前で自分の結果を読んでくれる人を募ります。そうすると自分が書いた中で最も恥知らずの例であっても、自分だけに限られたものではないということに気づきます。だれもが同じことを経験しています。なぜかというと、ストレスフルな考えには新しいものはなく、共通しているからです。

次に挙げるのは、私のスクールでの例です。何を発見しようと、あなたは一人ではないということがわかるでしょう。この女性は、認めてもらいたいという自分の気持ちは、このエクササイズをしている間にも止まることがないということに気づきました。

私は、このエクササイズをすることについて書くことにしました。何か特定の状況について書くことはしませんでした。だって、私はいつでも認めてほしがっていると思ったからです。皆さんに認めてもらえるように、このエクササイズも完璧にやりたかったのです。

私は何を求めていたのか。私は皆さんに好かれたいし、愛されたいし、すごいと思われたいし、おもしろいと思われたいし、特別だと思われたいし、ほかの人よりもすぐれていると思われたいし、かわいいと思われたいし、素敵だと言われたいし、賢いと言われたいんです。それから（聴衆の中の一人の男性を指差して）**あなた**にはセクシーだと思われたいんです。そして、あの美しい若い女性はどこかしら？（部屋を見回して）どこかしら？ああ……**あなた**には、私は若いと思われたいし、そして、それ以外の、この部屋にいるすべての美しくて若い女性には、私は大人だからあなたたちよりも分別があると思われたいんです。ここにいる皆さん全員に、世界中の人を代表して、私は美人だと思ってほしいんです。皆さん全員に、私を仲間に入れてほしいんです。皆さん全員に、私のことを尊重して、私の言うことを聞いてほしいんです。私のことを必要としてほしいんです。将来、私のことを探してほしいんです。私のことを絶対に忘れないでほしいんです。私のことを、素晴らしくて、感受性が鋭くて、愛情があって、機知に富んでいて、理路整然としていて、何でもうまくできる、とても強い人間だと思ってほしいんです。

皆さんからどのように見えるかを操作しようとしたか。ええ、しましたとも。話し方、動き方、立ち方。微笑んだり、微笑まなかったり。目を大きくしたり、唇をなめたり。皆さんを見たり、見なかったり。皆さんの近くに立ってみたり、離れてみたり。私は嘘をついたり、大げさに言ったりしたか。たくさん。だいたいいつも、皆さんよりもちょっとだけよく見えるようにしました。私はたった今もまさにそれをやっているところです。

私は人の話を聞いたか。いいえ。私はちゃんとは聞いていません。例えば（一人の参加者に向かって）昨夜あなたの話をちゃんと聞かないで、ただ、私のショーをまた始められるように、あなたの話が終わるのを待っていただけです。

私は皆さんに認めてもらえたか。皆さんに認めてもらったかどうかは本当のところわかりません。でも、自分に認めてもらえなかったことはわかります。私は自分をがっかりさせました。それはわかります。空っぽで不安で、満たされず、より多くを求める気持ちが残っただけです。自分のすべてを疑っています。自分の出来が悪かったことは確かなんです。例えば、今この瞬間、Ａさんが言ったことは何だっただろうかと思っています。聞きそこなったのです。

愛を求めたり認めてもらおうとしたりするのはやめようと思ったことがあったか。今は何も思いつきません。でも、そんなときがあるとすれば、それはとても親しい関係で、本当に率直になれて、愛があって、正直で、何かを勝ちとろうとする気持ちがまったくないのだろうと、想像はできます。

つづいて、次に手を挙げてくれた参加者の話です。彼女は父親の葬儀のあとに、人から認めてもらおうとしました。これは極端な例に見えますか。それとも、あなたにも覚えがある話ですか。

私は何を求めていたのか。父の葬儀の翌日でした。カールにキスをしてほしいと思いました。私のことを愛している、妻のことは忘れて私とだけ一緒にいると言ってほしいと思いました。私のことを、傷つきやすくて、苦しんでいて、もろくて、女らしくて、彼をとても必要としていて、ただただ彼を慕っていると思ってほしいと思いました。自分の苦しみを利用して彼を誘おうとしたのです。彼に伝えようとしたのは、「今は私を拒絶しないで。私がどれほど悲しくてもろいか、見てちょうだい」ということでした。自分の悲しみを誇張したのです。お墓から戻ってきて、彼は私に三つの詩をくれました。車の中で彼に自分の苦しみ、涙、前の週に味わった悲しみを見せたときには、実は心がとても落ち着いていたのです。

彼の話を聞いたか。彼の話を本当には聞いていませんでした。彼が私にくれた美しい詩のこともあまり気にしていなかったし、彼の目がどれほど同情的だったか、そして、彼が実際に私をどれほど支えてくれているかについてすら、あまり気にしていませんでした。私はただ自分が彼にしてほしいことをしてもらいたかっただけです。つまり「今すぐ私を抱きしめて。今すぐ私にキスして。私のためにすべてを捨てると言って」ということです。

彼の愛を手にしたか。最後には、私は彼に抱きしめてもらってキスしてもらいましたが、それは無理やりでした。私は、自分が彼からそれを盗みとったような気がしました。悲しかったです。男になったような気がしたんです。父親の死という苦しみを使って、愛を操ろうとした自分がいやでした。落ち込んで、悲しくて、絶望的な気持ちでした。そして、自分の絶望を恥ずかしく思いました。

彼からの愛を求めるのをやめようとしたときがあるか。六カ月前、私は彼に電子メールを送って、彼が夫婦で参加するはずのイベントに私も行くということを知らせました。警告のためでした。それはただの愛でした。それ以上の動機は何もなかったし、彼を驚かせたり傷つけたりすることが起こるのではないかという心配だけでした。

どんな気持ちがしたか。透き通った気持ちで、私の言葉のすべてが「取り込み詐欺」のときに比べると、はるかに彼に近く感じました。

エクササイズ　人をうっとりさせるようなおめかしをする

あなたが一張羅を着たり、（まったく別人のようになろうと）服を新調したりしたくなるような状況を想像してみてください。自分が大きな集まりやデートに行くために着がえているところを思い描いてみてください。そして、あなたが重要なアイテム（どんなものだかわかりますよね――新しいブラウス、お気に入りのネクタイ、シルクの下着など）を身につけることで、人にどう思われたいのか、どうしてほしいのかを自分自身に尋ねてみましょう。「このブラウスを着て、あなたに〔　　〕と思われたい」。空白になっているところに、あなたがその人に思ってほしいこと、言ってほしいこと、あるいはやってほしいことを書きましょう。あなたの靴下ですら、おもしろい話になるかもしれません。

あなたの仕度の中で、何か（加齢の兆候とか、余分な体重とか）を隠すためにデザインされたものを見てみましょう。「私はあなたに〔　　〕と思われないように（あるいは、あなたに〔　　〕と思われるように）、これを隠したりごまかしたりしています」。

さて、あなたがその人に思ってほしくないこと、してほしくないことは何かをはっきりと考えましょう。あなたの服装がうまくいったときに起こるいちばん良いことは何かを自分に尋ねてみてください。そして、失敗したときに起こる最悪のことも。

あなたが気づいたことの中には、ばかばかしいものもあるでしょう。そして、このエクササイズを続けることがいやになるかもしれません。それは良い兆候です。認めてもらいたいと思う気持ちの中には、ばかげたことがたくさんあるからです。あなたは、自分で気づいた考えのどれかを本気で信じていますか。人をうっとりさせるようなおめかしをすることは、どれほどのストレスと努力を伴うでしょうか。これらのストレスフルな考えを一切もたずに洋服を着るときのことを想像してみてください。

興味のあるふりをする

人の好意は勝ちとるものだという信念をまだ問い直していなくて、自分の魅力がうまく相手を操作していないようだったら、あなたは、自分自身か自分のテクニック（あるいはその両方か）に問題があるのだろうと思うでしょう。あなたは、自分の売り出し方を説く、何百冊もあるセルフヘルプの本を一冊買うかもしれません。例えば、一千万部以上も売れたベストセラーであるデール・カーネギー著『人を動かす』〔原題：*How to Make Friends and Influence People* 邦訳、創元社〕のような。著者の主な提案は、他人に興味をもちなさい、そうすれば、人の好意を勝ちとることが保証されるから、というものです。それが難しそうな人には、別のやり方も勧められています。興味のある**ふりをする**のです。どのようにしてやるのでしょうか。微笑み、相手の子どもや犬の名前を覚え、誕生日にはカードを贈れるように誕生日を書いておき、さらに、相手の言うことに賛成しているようなふりをするのです。これはすべて、印象をどうコントロールするかという話です。

カーネギーは、見せかけの興味が真の友情につながるかどうかについては書いていません。なぜかというと、彼の目的は違うからです。彼は、「セールスのテクニック」を教えているのです。実際、それを多くの人が実践しました。あなたはどこに行ってもその結果を見ることができます。人びとはあなたに大きなビジネススマイルをくれるでしょう。そして、あなたは、その人たちは何を求めているのだろうかと考えるのです。会社では、チェーンストアの外側に従業員を立たせて、まるであなたのことを知っているかのように迎えさせます。レジ係は、あなたのクレジットカードから名前を読みあげ、「ありがとうございます、スミスさま」と言います。

だれかがあなたに興味をもっているふりをするとき、あなたは微笑み返して喜んでいるふりをしますか。ほとんどの人が、陽気に芝居を続けます。何も問題はないのです。あなたが、この行動によって本当に自分は認められているのだろうかと考えはじめるまでは。これは友情ではありません——自分がしてほしいことを人にさせるために、友情の**まね**をしているだけなのです。たしかに、保険の契約はとれるかもしれません。でも、友情や恋愛ではどうなるでしょうか。見てみましょう。

もっと感じの良い人になる

人に興味をもっているふりをして好意を勝ちとるというのは、大きな計画の一部です。その計画とは、もっと好かれる人になるというものです。

もっと好かれる人になれば愛されたり認めてもらえたりするようになるという考えを信じると、あなたはどうなりますか。相手が十分に関心をもってくれないようだったら、何かを変えてみるというのは自然なことに思えます。あなたの見かけや性格を、魅力的ないちばん良い組み合わせになるまで変えていくのです。ほとんどの人は、外見から手をつけます。いろいろな服装、髪型、化粧、ダイエット、歩き方、顔の表情を試してみるのです。これが進むと、いつ微笑むか、いつ目を合わせるか、いつ笑うか、いつ話すか、いつ黙るか、そして、どんな意見をもつか、ということを考えるようになります。

他人を喜ばせようとする人は、うまくいっているという兆候を常に探します。これは、大変ストレスのかかる生き方です。心配しながら相手に集中し、認めてもらっているか非難されているかをチェックし、自分自身は空っぽにしてしまいます。だれも、あなたの考えに気づいたりあなたの気持ちに責任をもったりしなくなってしまうのです。これでは、あなたは本当の満足の源から切りはなされてしまいます。こうして自分の外に焦点を当ててしまうと、必然的に苦痛をもたらす考えを、気づかず、問い直さないままに放置することになります。その考えとは、愛してもらったり認めてもらったりするために自分を変えなければならないとしたら、それは自分のあり方に何か問題があるはずだというものです。

私は知的で、よく本を読んで、おもしろくて、頭が良いと彼に思わせることができたと思いました。出会って一カ月間を、彼にそう思わせることにつぎ込んだのです。彼は私にもう会いたくないと言いました！　なぜかと聞くと、彼は、私ほど強烈でなく、私よりオープンで、単純で、それほど頭が良くない人を探しているのだと言いました。プライドの傷つきから回復してみると、本当の私は彼の完璧な相手になれたということに気づきました。

自分のマナーを気にする

他人の気持ちを操作する試みは、多くの場合、意図されるどころか、気づかれもしないものです。例えば、新しい友情や恋愛の興奮の中で、あなたは相手に認めてもらうために自分の好みを曲げることがあるでしょう（相手が自分の好みを表現したかどうかにかかわらず）。本当は「ノー」と言いたいのに「イエス」と言うことがありますか（「本当に大丈夫？」「ええ、もちろん、あなたの三匹の濡れたゴールデンレトリバーと一緒に後部座席に座るわ」）。気づきはじめてみると、礼儀正しい振る舞いというのは、〝思いやり〟の皮をかぶっているけれども、実は〝認めてもらおうとする気持ち〟に満ちているということがわかるでしょう。

礼儀正しさと如才なさというのは、他人への思いやりであるはずのものです。でも、本当は自分の印象をコントロールしようとする試みであることがどれほど多いか気づいてください。「ありがとう」と言うとき、だれかに記念品を渡しているのでしょうか、それとも本当の感謝を表現しているのでしょうか。礼儀正しくしているとき、あなたはその「役」を本当に生きているのでしょうか。それともただ演じているだけですか。ここで気づくべき「違い」は、それがあなたにもたらす違いなのです。

例えば、多くの人が、親切な言葉や贈り物を受け取ることを難しいと感じます。すぐにお返しをすることに焦点を当ててしまうと、完全に受け取ることができなくなります。礼儀正しくありたいと思うと、不安から解放され相手との一体感が生まれる「ありがとう」ですら、「感謝」の状態に入る妨げにもなるのです。

本当の感謝を感じると、その気持ちは努力を伴わずに表現されます。それに気づくかどうかは、相手次第です。でも、気づくとしたら、相手ははるかに大きな贈り物を受け取ります——小さな言葉や身振りでなくて、感謝そのものを受け取るのです。人は感謝の状態にあるときにはとてもオープンになります。すぐに、相手にすべてをあげたくなります。何かをコントロールするのではなく、自然なかたちで愛が現れます。

人を抱きしめるときに、これがはっきりわかります。抱きしめ返そうとすると、相手に抱きしめられるということそのものを体験できなくなります。直ちにお返しをしようとするのは、贈り物を拒否することです。本当に受け取るときには、腕があなたの周りに回されるのを感じ、身体を感じ、自分の中の愛を感じます。受け取ることは与えることです。それは、あなたがお返しできる最も純粋なものです。それが、相手がそもそもあなたに与えたいと思ったものなのです。

如才なさ

自分が認めてもらおうとしていることに気づけば、自分もその一員となっている社会の優雅さから、多くを学ぶことができるでしょう。〝如才なさ〟というのは、だれかが失敗をしたときに気づかないふりをするということを意味することが多いものです——例えば、同僚が、自分の人脈であなたを感心させようとしているときに有名な名前を間違えたとき。ときには、如才なさというのは、単にだれかの気を悪くさせるのを避けようとすることを意味します。いろいろな行事で、人が不本意ながら行き詰まってしまうのは、そのためです。ある人が、政治の話をしています。なぜなら、ほかの人はそれに関心があるだろうと思っているからです。そして、ほかの人たちは、関心があるように見せようとします。どちらも退屈しているし、気分も良くはないし、自分の「ふり」がうまくできていないということに気づいています。「もう政治の話はたくさん。何か別の話をしましょう」と言うと気を悪くする人がいるだろうという考えをだれも問い直すことができないので、行き詰まっているのです。それで、自分たちに共通するものは何だろうということを見つける代わりに、もがきつづけて、だれかこの状況から救い出してくれそうな人が視野に入らないだろうかと探すのです。

親しい関係であっても、如才なさの犠牲になることがあります。あなたが恋人のためにバイオリンを弾いているとしましょう。そして、彼はあなたを満足させるために、喜んでいるふりをしているとしましょう。彼を見ていると、様子が変わって、微笑みが苦しそうになるときがあります——如才なさが崩れて正直になったということです。彼の様子に気づくと、あなたの表情も変わります——あなたが気づいたということを彼に知らせることになるのです。でも、二人とも、何事もなかったかのように振る舞います。あなたたちのそれぞれが、「ふり」をすることで相手を支えたいと思っているのです。

なぜわざわざこうした複雑な「ふり」をするのでしょうか。それは、あなたたちのどちらもが、自分たちの関係が見せかけによって成り立っていて、正直にすると持ちこたえられない、という信念を問い直していないからなのです。ほかに選択肢があるということに気づいてもいないので、それぞれを包む「卵の殻」の上を歩いているのです。

すみません。ごめんなさい

如才なさと同様、謝罪も見せかけであることが多いものです。ときには、害のない見せかけだということもあります。例えば、だれかのショッピングカートにほとんどひかれそうになっても、こちらから「すみません」と言うとき。相手が知らない人であっても、自分への評価が下がるのはいやだからです。私の友人は、病院の込んだ待合室に忘れた雑誌を取りに行ったとき、周りの人に言い訳をしました。自分が中古雑誌泥棒ではないということを皆に理解してもらいたかったのです。

一日中、人から認めてもらおうとすることは、自分の人生をただ生きるだけでなく、認めてもらうための行動をとらなければならないということです。近所の道路の角でバスを待っているときには、ただバスを待っているわけにはいきません。時々歩道から降りて遠くを見つめ、バスを待っている人の役を演じなければならないのです。そうしなければ、通りかかった人が、あなたは何か良からぬことを企んでいると思うかもしれませんから。

エクササイズ　マナーを超えた人生

自分がどれほど頻繁に自己防衛をするか（言葉で、行動で、服装で、声の調子で）、そしてそれがどれほどストレスをもたらすかに気づきましょう。自分のどんな印象を――どんな「自分」を――隠そうとしているのでしょうか。あるいは、目立たせようとしているのでしょうか。だれを説得しようとしているのでしょうか。「自分」のどんなストーリーを不滅のものにしているのでしょうか。それとも、不滅のものにしたいと思っているのでしょうか。どんな「自分」だと、このストーリーがだめになるのでしょうか。

自分がいつ言い訳や説明や自己正当化をするか（あるいは、如才なく言い訳を与えて他人を助けてあげるか）に気づきましょう。自分の存在ですら自己防衛したり、正当化したり、説明したりするときに、あなたはどんな感じを抱いているのですか。もし、沈黙を保ち、自己防衛をせず、正当化せず、説明もせず、本当は何が起こったのかということを尋ねられるまで話さないとしたら、人からどう思われたり何をされたりすると思うのでしょうか。リストを作り、それぞれの項目について、一つひとつ正しいかどうかを自分に問いかけてみてください。


私は無礼だと思われて、〔　　　　　　　　〕になるのが心配です。

あなたのことを気にしていないと思われて、〔　　　　　　　　〕になるのが心配です。

私は〔　　　　　　　　〕すぎると思われて、〔　　　　　　　　〕になるのが心配です。


これらの想像上の結果について、何を信じていますか。その考えを信じると、あなたはどうなりますか。その考えがなければ、あなたはどんな人になるでしょうか。

ほかの人が何を思うかについて今ほど心配せずに行動したり反応したりすると、何が起こるでしょうか。行動の説明をしないでそのままにしたらどうなるでしょうか。自分の考えや行動を他人に言い訳することなく、自己防衛することなく、正当化することなく真実を生きるのは、どんな感じがするでしょうか。

以下のエクササイズは、良いマナーをばかにしたり行動を変えたりするということではありません。社会的に認められるように行動しようと熱心になっているときに、自分自身に何を隠しているのかがわかるようにしようとするものです。つまり、あなたが本当には信じていない不安な考えのことです。

●食卓から言い訳することなく離れることを想像してください。そして、言い訳することによって何を防ごうとしているのかに気づいてください。ただ立ち上がって何も言わずに食卓を去ったら、ほかの人たちはあなたのことをどう思うでしょうか。

●他人に少々の迷惑をかける状況を想像してください。たぶん、遅刻するとか、何かを借りたいとか、そんなことでしょう。釈明することなく、ただ謝罪をしたら、どうなるでしょうか。釈明することなく、その人の前に立っているところを想像してください。釈明をすることによって、どんな印象を防ごうとしていたのかに気づいてください。あなたが恐れている印象をだれかが抱くとしたら、何が起こると思いますか。あなたは本当にその考えを信じていますか。

私たちは、だれかを喜ばせたり、何かを手に入れたり、それを維持したり、だれかに影響を与えたり、コントロールしようとしたりして何かを言ったりしたりする。その原因は「恐れ」であり、その結果は「苦痛」だ。相手を操作しようとすることは、自分を相手から切りはなすことになる。それはつらいことだ。人があなたのことをその瞬間に完全に愛していても、あなたはそれに気づくことができない。恐れから行動すると、愛を受け取ることはできない。なぜなら、愛のために何をしなければならないかという考えにばかり囚われてしまっているから。ストレスフルな考えはすべてあなたをほかの人たちから切りはなしてしまうのだ。

自分の考えを問い直すようになれば、愛のためには何もしなくてよいのだということを発見する。

すべては無知なるゆえの誤解だったのだ。人に良い印象を与えて認めてもらいたいと思うときには、あなたは「私を見て！　私を見て！」と言っている子どものようだ。結局は欲しがりの子どもだということだ。その子どもを愛して抱きしめてあげられれば、人に求めてばかりいる気持ちはなくなるだろう。

❖話して、さえぎって、聞く

愛や賞賛を勝ちとるための努力のほとんどは、冷たく計算されたものではありません——故意にやっているわけではないのです。浮気したり、誘惑したり、恋に落ちたり、というロマンスのすべては、夢のような恍惚とした状態を、希望と恐れの間を揺れ動きながら起こります。ある瞬間は、拒絶されるだろうと思います。次の瞬間には、うまくいく期待にワクワクします。この状態では、自分が何をしているかを知ることはほとんどできません。そして、自分がどれほど「ふり」をして操作しているかを自分自身に対して隠してしまうでしょう。

夢のような状態は、ビジネス関係であれ、恋愛関係であれ、自分たちの関係の完成が近くなると最も強くなります。ビジネス関係であれば、今にも取引をしようとしている、商談をまとめようとしている、ある仕事に雇われようとしている、といったとき。恋愛関係であれば、恋人たちが初めてセックスをしようとしているとき。皆、意見が一致していたいと思い、自分たちの違いをうまくごまかしたいと思います。

この心の状態がストレスをもたらすようであれば、あなたは目覚めていくことができます。その状況における何気ないおしゃべりがどうなっているかに気づけばよいのです。会話は、他人に良い印象を与えようとする何気ない振る舞いに満ちています。例えば、浮気な微笑み、意味ありげな視線、同意のうなずき、そして大げさな反応など。

認めてもらいたいと思うときに、どんな話し方をしますか？

単純な質問をされて凍りついたことがありますか。何が怖いのでしょうか。あなたの考えと意見が、白日の下にさらされるからです。認めてもらうためには相手に同意する必要があると思うけれども、相手が何を考えているかまだわからないので、何と言ったらよいかわからないのです。

自分の意見を言うときには、いちばん最初になることを避けるのが一つの解決法です。いちばん最初に言わなければならないときは、自分の意見をできるだけ柔軟にしておきます。「でも」とか「～だから」といった小さな言葉がお気に入りになります。こうした言葉を使うと、文の途中で、内容を一八〇度転換することができるからです。自分は間違ったことを言っているなと感じれば、息継ぎもしないうちにそこから抜け出すことができます。例えば、「『ロード・オブ・ザ・リング』［訳注：映画の題名］が好きなんだけど」（相手のたじろぎに気づく）、「でも、長すぎるよね」といった感じに。「でも」という言葉が、同意へとあなたを引き戻すのです。「フィレステーキはおいしいよね」（ベジタリアンの嫌悪の視線に気づく）、「でも本当は、温野菜のほうが好きなんだけど」（モスクワの心理学者の友人によると、ソ連時代には「～だけど」を意味する言葉がロシア語で最も重要だったそうです）。「～だから」というような言葉も同様で、それほど強烈でない機能を果たします。「週末はラスベガスに行ったんだ」（驚いたまなざし）、「妻がギャンブル好きだからね」。もう一つの戦略は、完全に黙ってしまうことです。次は、ある女性にとって、その戦略がどういう結果につながったかという例です。

私は三〇歳くらいの頃、年配の男性とつきあっていました。彼はお酒を飲むのが好きで、料理が好きで、外食が好きで、パーティーが好きで、友だちと一緒に音楽を作るのが好きでした。私は仕事で昇進しようともがいていて、自分自身のすべてについてもがいていました。私はほとんどの週末を彼の家で過ごしました。私たちは朝起きると朝食を作るなど一日を始めるにあたってお決まりのことをしました。こういうことについてこまごまと話す以外に、私はしゃべろうとしませんでした。彼との関係が続くように、彼が私にしてほしいことや言ってほしいことを探り当てようとしていました。私の行動が望ましい結果を生むかどうかがわかるまでは、私は固まってしまって、何もできませんでした。ついに彼は私に聞きました。「どこか悪いところがあるの？どうしてそんなに病気のように固まっているの？」

エクササイズ　さえぎる

会話の最中によぎっていく考えに気づくための良い方法は、自分が人をさえぎるところを観察することです。自分が話している途中に人がさえぎるとたぶん気づくでしょうが、自分がやっている場合にはそれほど明らかではないかもしれません。

ステップ1

自分が人の話をさえぎったときに単にそのことに気づきましょう。さえぎるのを止めてはいけません。ただ気づくのです。電話をしているとき、母親や職場の同僚とおしゃべりしているときにやってみましょう。

ステップ2

自分がさえぎるときに、声を出さずに言いましょう。「私はあなたに文章を最後まで言わせない。なぜなら（　　　　　　　　　）だから」（空白を埋めましょう）。これがあなたのペースを遅くすることはほとんどないでしょう。ただ観察して、いつもは会話の中でぼんやりとわからなくなっているものを、空白に入れてみるだけです。

以下は、いろいろな人が見つけたものの例です。

私はあなたに文章を最後まで言わせない。なぜなら、

……私はあなたが何を言おうとしているかわかっていて、私はもっと賢いことが言えるから。

……自分が言わなければならないことを忘れてしまって、あなたに感銘を与える偉大なチャンスを逃してしまうかもしれないから。

……私はあなたが何を言おうとしているかわかっていて、その話題は避けたいから。

……あなたの話はおもしろくないので、自分の怖い考えを忘れることができないから。

……あなたは自分の考えを表現しようとしてとても苦労しているので、もっと良い言い方で救ってあげたいから。

……あなたをさえぎることは、私の熱意を表現するための自然な方法だから。

あなたがこのエクササイズを十分な回数やって、相手の話をさえぎる考えの上位三つまで認識できたら、それらが本当かどうかを自分に尋ねてみましょう。そして、その考えを信じると、どういうふうになるか、その考えがなければあなたはどういう人になるか、と続けましょう。それから、考えをひっくり返しましょう。

エクササイズ　相手の話を聞かなくなる

相手の話をさえぎる代わりに、相手が話している間に、単に関心を失って、そこからはただ聞いているふりをする、ということもあるでしょう。相手の話でなくて自分の考えに耳を傾けはじめる瞬間に気づいてください。そして、無言で自分に「あなたの話ではなくて自分の考えに耳を傾けることにした。なぜなら〔　〕だから」と言ってください。例えば、以下のように。

……この話は前にも聞いたことがあるから、私は自分の心配事にかまうという仕事に戻っても大丈夫だ。
……この話を聞く余裕はない。自分の問題に関心を向けなければ、今週を生き延びることはできないかもしれない。
……あそこで笑っている人たちは、もっと楽しそうだ。私も仲間に入れないかしら。

相手の話を聞かなくなるお気に入りの理由を見つけて、問い直しをしましょう。人は「ぼうっとする」と言いますが、本当は、自分の関心を特定の考えに移しているだけなのです。「ぼうっとしている」間、あなたはどこに行っていますか？

エクサイズ ランチの約束

二人以上のにぎやかな友だちとランチの約束をしましょう。待ち合わせたら、普通の挨拶をしたあと、話はすべてあなたの友だちに任せましょう。あなた自身は、しっかりと会話には参加しますが、適切なタイミングでうなずき、微笑み、心配そうな顔をする以外は何もしないのです。質問をされたら、簡単に答えます。会話の間、「なるほど」「そのとおりでしょうね」などと時々言ってもよいでしょうが、それ以上のことは言いません。

ふだんだったらあなたに何かを言わせる考えに気づきましょう。話す代わりに耳を傾けていると、あなたは苦しくなりますか。会話はおかしくなりますか。あなたがただ耳を傾けるだけでどれほどの貢献をしているかに気づいてください。去るときには、あなたが静かにしていたことについて（そもそもそれに気づいていた人がいたでしょうか）、何も言わず、何も謝らず、またすぐに会えるように約束をしてください。

いつも称賛されたいと思っていた若い男性が、認めてもらおうとするのをやめるとどうなったかという自分の経験について、こんな話をしてくれました。

私は人を楽しませようといつもノンストップでしゃべりつづけていました。そうすれば称賛してもらえると思っていたのです。初めて中国に行ったとき、私は数少ない言葉を、とてもゆっくり話すことしかできませんでした。そうしないと、通訳がついてこれないからです。また、人が私に何を言っているのかを理解するために苦労しなければなりませんでした。驚いたことに、皆が私のことを好きになり、私もその人たちのことが好きになりました。中国は仕事をするには難しい場所だといつも聞いていましたが、中国の人はとても親切だと私は思ったのです。アメリカに戻って、前ほど話さなくなり、前より愛されるようになると、中国で起こったことは、中国そのものとは何の関係もなかったのだということに気づいたのでした。

本当に話を聞く実験

一日、人の話を聞くだけで過ごしてください。自分の考えを載せることなしに、ただ人の話を受け入れてください。人は話すときに、自分の言いたいことに向かって進む方法を見つけていくものであり、それを助けるいちばんの方法は「ただ聞くこと」だという考えを十分に試してみることができるのです。何が言いたいのだろうかということを疑問に思わずに、ただ相手が言うことをじっくりと聞きましょう。相手が話すのを終えたときには、自分は相手の話が理解できているはずだということを信じましょう。(声に出して、あるいは頭の中で) 相手のために文章を終えてあげたいと思うときは、自分にブレーキをかけましょう。

さえぎることなく考えを完了させてあげると、どれほど素晴らしいことが人の口から出てくるかには、本当に驚かされます。ときには、相手がまったく違った人に見えます (特に、あなたが結婚しているだれかさんなどは)。だれかを理解しているつもりになっていたときは、あなたは単にその人がどういう人かという自分の思い込みを確認していたに過ぎなかったのだということに気づくでしょう。単純な誤解であれば、直ちにはっきりすることもあります。例えば、私の友人は、同僚がいつも自分に対していらだっているように見えると言いました。そしてある日、友人は同僚が言おうとしていたことを、せかすこともさえぎることもせずに、最後まで言わせてあげました。すると、同僚はとても安心したので、友人に対して、まったくいらだつこともなく、彼と一緒に働くことがどれほど楽しいかを話したのでした。

他人についての理解というものは、自分がすでに知っていると思っていることによって制限されているものです。ですから、ただ相手の話を聞くようにすると、相手はあなたの先入観とは違う人になるのです。ここで嬉しいことは、相手は、あなたが思っていた人よりもずっと賢く親切な人になるのがふつうだということなのです。さらに、自分自身がどんな人間かという思い込みも忘れてしまうでしょう。あなたは本当の聞き手になり、オープンで本物のおもしろい人になるのです。たぶん、あなた自身も、自分が考えていたよりも賢く親切な人になるでしょう。人があなたを驚かせつづけ、あなたが期待していたよりも多くのことを見せつづけてくれるのであれば、興味をもつのは難しくないでしょう。

文字通り耳を傾けるときには、最初は混乱するかもしれません。あなたがふだん支えようと必死になっているアイデンティティがなくなってしまうのですから。ほかの人が話しているときに自分の心の中のファイルをめくって、話に割り込んで感銘を与えるチャンスを待っていた人ではなくなるのです。そんな人でいると、本当の出会いのためには重荷にしかならず、障害にしかならないということがわかるでしょう。本当に文字通り耳を傾けると、あなたが知らなかった自分が、あなたが知らなかった相手に出会うのです。

❖あなたは本当に認めてもらうことが必要ですか？　問い直しましょう

認めてもらうことについての真実でない考えと、その結果生じる不快な行動に気づきはじめると、時々、認めてもらおうとする気持ちが自然に止まります。考えはほぐれ、あなたは人生をはるかに幸せに生きていくことができるようになるのです。そうならずに、特定の人に認めてもらうことが必要だとまだ思っているのであれば、座って、紙の上で問い直しをしてみましょう。以下の例で若い女性がやっているように、四つの質問をして、ひっくり返しを見つけてみましょう。

〔私は父に認めてもらうことが必要だ。〕

——それは本当？

〔イエス。私がやっていることを父が尊重して評価してくれる必要がある。〕

——それが本当だと、絶対に言いきれるか？

〔ノー。でも私はそれでも父に認めてもらうことが必要だと思う。〕

――**父に認めてもらう必要があると思うと、あなたはどういうふうになるか？　その考えを信じたときに、父に対してどういう態度をとっているか？**

〔まず、私は自分の成果を見せて父に感銘を与えようとする。新しい仕事の中で会った有名人の話をする。自分の新しい車に父を乗せる。ファッショナブルで自信があるように見せようとする。それから、私は傷つき怒りを感じる。なぜかというと、父は感銘を受けていないようだから。私が話した有名人のことを父が知らないので、私は欲求不満を感じる。車の中では、父はどこに足をのせたらよいかを尋ね、私はイライラする。父は私の新しいピアスを見て「お前の鼻についているのは何だね？」と言う。私は父に冷たくする。父がパリス・ヒルトン〔訳注：モデル〕はホテルだろうと言うと無知呼ばわりする。父が何か痛烈なことを言うのではないかと本当に怖いときには、父を見下すふりをする。〕

――**この考えによって、私は父に近くなるか、遠ざかるか？**

〔とても遠ざかる感じがする。私がどれだけ傷ついているかを隠すために、どんどんよそよそしくなっていく。まるで私たちが、大きな世代間ギャップによって隔てられている違う世界に生きているみたいだ。〕

――**父に認めてもらうことが必要だという考えがなければ、私はどういう人間になるか？　父に認めてもらうことが必要だと考えることができなかったら、父と一緒にいるときに私はどういう人間になるか？**

〔ずっと違うと思う。ものすごく安心すると思う。仕事のことについてはそれほど話さないと思う。父のことを知りたいと思いはじめるだろう――この頃、父のことをよく知らないから。父に認めてもらうことが必要だという考えがなければ、父の痛烈な言葉は、痛烈なことを言おうとして言ったものではないと思うだろう。父は、おかしく話そうとしただけなのだろう。私と親しくしようとしたけれども、どうやればよいかわからずに。私はまた父を近くに感じられるようになるだろう。〕

――**「私は父に認めてもらうことが必要だ」――自分自身に向けてひっくり返すと？**〔訳注：一八ページの「ひっくり返し」参照〕

〔私は私に認めてもらうことが必要だ。〕

――**それはもともとの文章と同じくらい、あるいはそれ以上に本当か？**

〔絶対に、イエス。本当のところは、**私**が、父に感銘を与えようとしているものについて満足していないということなのだ。私の会社が代理を務めている人たちは世間知らずであることが多く、私は彼らを王家の人たちのように扱わなければならない。そして私は自分が仕事のために着る服が本当は好きではない。自分に認めてもらう必要があると思うと、どういうふうに変えれば自分を今すぐに認めることができるかがわかる。私は今ほど仕事で自分を曲げる必要がない。顧客の何人かは失ってもよいだろうし、違う服を着てもよいだろう――ほかにもできることはいくらでもあって、どれも難しくない。〕

――**ほかのひっくり返しは？**

〔私は父を認めることが必要だ。〕

――**同じくらい、あるいはそれ以上に本当か？**

〔イエス。自分が発見したことを父に知らせるのは気分が良いと思う。私は自分の自己防衛で父をどれほど罰してきたかがわかるし、それを父に伝えて、大きなキスをしてあげたい。父のジョークの中には本当におかしいものもあったけれど、私は怒ったふりをしたということも父に話したい。なぜかというと、笑ってしまうと、父が私を認めないことへのご褒美になってしまうから。私はただ笑うほうがずっと好きだ。〕

――**ほかのひっくり返しは？**

〔私は父に認めてもらう必要がない。〕

――**同じくらい、あるいはそれ以上に本当か？**

〔イエス。よくわかる。事実は何かというと、自分自身に認めてもらえば、私は幸せで、ほかの人に認めてもらう必要がないということだ。人に認めてもらうことは、単にケーキの上のアイシングに過ぎない。おまけのものので、私が幸せになるためには必要のないものだ。いずれにしても、私が自分で気に入っていないことのために父が私を認めたとしたら、私は父を信じないだろう。父は私に良いことをしていることにはならないだろう。

父は私が自分の問題を解決する能力を尊重している。私が苦しんでいても父が私を助けようとしないのは、そういうことだ。結論は、私は父に認めてもらう必要がないということだ。私はすでに認めてもらっているのだから。今見てみると、その証拠はたくさんある」。

エクササイズ　究極の認め屋さん

あなたが特定のだれかに認めてもらう必要があると信じているときには、このエクササイズはそれを問い直すためのもう一つのシンプルなやり方です。

その人に認めてもらうことがあなたにとって大きな意味があるという人（生きている人でも、亡くなった人でも）のことを考えましょう。その人は教師でもよいし、指導者でも、上司でも、母親でも、父親でも、息子でも、娘でも、あなたの領域の専門家でも、単なる気難しいおばさんでもかまいません。さて、その人に何を言ってほしいのかを自分に尋ね、あなたが求めてきた、あなたを認める表現を書いてみましょう。あなたがまさに聞きたいことをその人に言わせるチャンスです。

気難しいおばさん「あなたが創造した人生は素晴らしいわ。おもしろくて価値があるわね」

小学校三年生のときの担任の先生「君について完全に誤解していたね。君は結局ろくでなしにならなかったからね」

マハトマ・ガンジー「本当のあなたは自分で考えているほど自分勝手ではないよ」

あなたの息子「お母さんは素晴らしい母親だよ」

上司「君の仕事は非常に評価しているよ」

さて、書いたものを読み返し、これらの人たちが言っていることに同意できるかどうかを自分に尋ねてみてください。気難しいおばさんに同意できますか（実生活では、もちろん、おばさんは何もやさしいことは言わないでしょう）。要は、**あなた自身**が、自分はおもしろくて価値のある人生を送っていると思っているかどうか、ということなのです。同意できるのであれば、自分をそのように認識すること、おばさんに認めてもらいたかったことがすでに実現していることは、どんな気持ちがするかに気づいてください。さて、あなたがおばさんのことを考えるときに、あるいはおばさんと時間を過ごすことを想像するときに、認めてもらう「必要」を差し引くことの効果に気づいてください。

このエクササイズをするときには、あなたが完全には同意できない意見に出くわすかもしれません。例えば、あなたの想像上の上司が評価するほどには、自分の仕事を評価できないかもしれません。そのようなときは、自分の仕事についてもっと良い気分になるために**自分**が何をできるかを尋ねてみましょう。——**あなたが**認めるためにです。

私は有名な監督と一緒にカメラマンとして映画の仕事をするまれな機会に恵まれました。撮影の休み時間に、私は自分の仕事をほめてもらいたいと思いながら監督の周りをうろついていました（監督がモニターで見ていたのを知っていたのです）。私は監督が俳優たちと忙しく打ち合わせている間にもぎこちなくその周りに立っていました。そのうちに、監督は私に何か用かと尋ねました。私は首をふり、こんなにも物欲しげだった自分に欲求不満と恥ずかしさを感じながら仕事に戻りました。私はまた、監督が私の名前を知っていたということに自分がどれほど満足しているかに気づいて恥ずかしくなりました。

その夜、私はそのシーンを思い出して、監督に何を言ってほしかったのかを自分に尋ねました。答えはすぐに出てきました。それは、「クローズアップのところが素晴らしかったね」ということです。同時に、私はパンをしたり傾けたりするのはもっとスムーズにできたはずだとも気づきました。私は自分の不安が完全に消えたのを感じました。

次の日の撮影は新しい経験になりました。撮影の間、私は直す必要があると自分で思ったところを少し直しました。そして、監督が何人かのスタッフとくつろいでいるのが見えると、私も気楽にそこに加わりました。監督にほめてもらう必要があるとはまったく考えませんでした。ほめてもらおうという計画がなくなると、私は何がこの監督を非凡にしているのかに気づき、それを高く評価するようになりました。そのとき以降、この監督は何本かの撮影を私に頼みました。そして、私は時々もらえる彼の微笑み以上のものを求めることはないのです。

❖認めてもらおうとすることが必要だという考えがなければ、あなたはどういう人になりますか?

あなたは、ただ自分の人生を生きて、他人が――あなたについて、そしてほかのすべての人について――もちたい印象をもたせてあげる人になるかもしれません。いずれにしても、人は皆そうしているのですから。そして、それがあまりにも大きな飛躍に見えるようなら、あるいは、それでは朝ベッドから起きだす理由がなくなってしまうと思うのであれば、次のエクササイズを試してください。このエクササイズによって、あなたは想像の世界で小さな一歩を踏み出すのですが、それはあなたの人生に大きな違いをもたらすことができるものです。

考えのエクササイズ　一杯のお茶

あなたが感銘を与えたい人
愛してほしい人
怒らせたくない人
あなたを支配する力をもっていると思う人

のことを考えてください。

その人とお茶を飲んでいるところを想像してください。お茶を飲んでいる間、その人の気持ちに影響を与える努力をまったくしないというふうに想像してください。あなたの望みは、その人が自分の好きなように考え、お茶を飲み、自分の経験をすることだけだと想像してください。

そのシーンでのあなたを徹底的に想像してください。その人と一緒にこうやって座っているのはどんな感じがしますか。こういう自分でいるのはどんな感じかについて、どんなことに気づきますか。相手については何に気がつきますか。

次に挙げるのは、「一杯のお茶」の実験が仕事の人間関係を見てみるためにいかに役立ったかという友人の例です。

私が書いている雑誌に新しい記事を始めるためには、私は通常はニューヨークに行って編集者にアイデアを売らなければなりません。私は彼女と共にお茶を飲んでいるところを想像しました。

私が気づいた最初のことは、それはとても心が休まるということです。この人物についてどれほど多くのことを見出せるかということもわかります。この人はもう何年も私の編集者であったわけですが、ふだんは私は彼女を横目でちらりと見るだけです。なぜなら、私の関心は仕事をとるための宣伝に向けられているからです――頭が良いように見せて、私のアイデアはうまくいくと説得しようとするのです。うまくいったときでも、別れるときには疲れた気分で、自分の仕事に対する熱意も減っています。彼女についてもっと知ることは興味深いだろうし、彼女と一緒の時間を楽しめるだろうということを発見しました。彼女の気持ちに影響を与えようとせずに自分の話をするところを想像すると、私は実は自分自身にその話をしているのだということ、ただ、彼女がいるときのほうがその話をよく聞けるのだということがわかります。私が話していくにつれて、アイデアはふくらみ、変わっていきます。そのほうが私の気に入ります。そして、それを彼女が好きになるかどうかは彼女に任せておきます。私は彼女の提案に心を開きます。そして、私たち二人が「お茶」をこのように飲めれば、彼女の気持ちに影響を与えようとすることなしに、良いアイデアは自然と表面に浮かび上がり、それを探ることをとても楽しめるということがわかったのです。

私は自分の編集者となぜ文字通り一杯のお茶も飲んだことがないのだろうかと思いました。このエクササイズをやってから、私は、ずっと前に彼女が自分の庭を見に来ないかと誘ってくれたのを断ったということを思い出しました。自分の動機が怖かったのです。もしも「イエス」と言ったなら、私は仕事をとるために彼女と彼女の庭に興味をもっているふりをしているのだろうと考えたのです。私はこのことがあまりにも心配だったので、彼女が好きかどうかを自分に尋ねてみることもできませんでした。なんてバカなんでしょう！「一杯のお茶」エクササイズをやって、自分が本当は彼女のことを好きで、彼女の招待に応じたいということに気づいたのです。私たちはそれまでお茶を飲んだこともありませんでしたが、今では時々夕食も一緒にします。私は友人を見つけ、雑誌での私の記事も前よりも良くなりました。

人に愛されることが必要だと考えると、私たちはどうするだろうか。人に認めてもらうために奴隷になるだろうか。認められなかったらどうしようという考えに耐えられないため、正直でない人生を送るだろうか。人があなたにどういう人になってほしいと思っているのかを探り当てようとするだろうか。そして、そうなろうとするだろうか。実は、このようなやり方では、決して人に本当に愛されることはない。あなたは自分とは違う人間になろうとし、そして人が「愛している」と言うと、それを信じることができない。なぜなら、相手は見せかけの人を愛しているから。存在すらしていない人を愛しているのだ。あなたが「ふり」をしている人を。他人の愛を求めるのは難しい。命取りになる。愛を求めるなかで、あなたは何が本物かを見失ってしまう。これは私たちが、すでにもっている愛を得ようとして、自分のために作りだした牢獄なのだ。

第4章

恋に落ちる

友だち、同僚、家族から認めてもらおうとするのは、フルタイムで休みのない仕事です。その中心にあるのは、究極の認め方をしてもらうということです。多くの歌が歌っているように、自分のことを見て「君こそが本物だ」と言ってくれる人を探すということなのです。私たちはこれを「恋に落ちる」と呼びます。この章では、恋に落ちてカップルになるということを見ていきましょう。そして、「本物」というのは本当はだれなのかがわかるでしょう。

恋に落ちるということは、ふつうは過去にさかのぼって完全に理解することができます。何の神秘もありません。私たちは愛に気づけなくなったあとにまた気づけるようになると恍惚とします。でも、何が起こったのかを誤解しているのです。公園のすみで指をパチンと鳴らしていた小さな女の子を覚えていますか。彼女がカギです。彼女の顔を見てください。うまくできるようになったという興奮に輝いています。彼女は遊ぶための手足と共にそこにいるだけで大喜びなのです。それ以上に欲しいものや必要なものはまったくありません。そして、彼女はその瞬間にあまりにも夢中なので、そんなことに気づきもしません。彼女がパチンと鳴らしている指は、それ自体が愛の表現なのです。彼女がもう一度指をパチンと鳴らして、人の拍手喝采を得られるかどうかを見たとき、彼女の焦点は外に移り、自分自身を愛から切りはなしてしまいます。でも、愛はどこにも行きません。彼女はただ愛への気づきを失うだけです。人生のもっとあとになると、人びとはこのような経験を「愛がなくなる」と言い、それは相手のせいだと思うのです。

あの小さな女の子は、無邪気に方向を間違っているのです。彼女は、幸せに——完璧な瞬間に——戻れるかどうかは、ほかの子どもたちの反応にかかっていると考えはじめます。愛に気づくことはいつでもできるのに、彼女が再びそれを手にするまでには何年もかかるかもしれません。自分の外側の人に愛を求めたり認めてもらおうとしたりすることに何年も費やしてから。

あなたが常に好かれる人であろうとしていると、ただ呼吸をして自分がもっているものに気づくという余裕がなくなってしまいます。その余裕に無限の可能性があるということを知るチャンスもなくなってしまいます。ほめてもらったり認めてもらったりしたあとでさえも、忙しく結果を求めているのです。あなたの友人が、友人がすべきことをすべてやっているかどうかを確認しなければなりません——あなたをパーティーに招き、あなたに仕事を斡旋し、あなたが落ち込んでいるときには慰める、というふうに。そして、それが十分になることは決してありません。あなたが常に、自分が認められていない、好かれていないという証拠はないかと目を光らせているのですから。

「恋に落ちる」ことは、強力な経験です。過去を振り返ってみれば、それはあなたが求めることをやめた瞬間だったと思い出すかもしれません。自分が探してきたものが見つかったと考えたので、求めるのをやめたのです。あなたの気持ちは、それまでのように、死に物狂いに求めることでいっぱいというわけではありません。あなたが見つけたのは、公園の隅であなたが持っていたもので、本当はなくなったわけではなかったものです。でも、今、あなたはそれがほかの人から来ていると思います。そう、「本物」から。

多くの人が、十代に初めて恋に落ちます。その頃までには、公園での単純な喜びはなくなってしまっています（実はあなたのほうがその喜びを手放したのですが、そういうふうには見えないのです）。暗い考えが現れます――自分はどこかおかしい、だれも自分を愛してくれない、という不安が。すると、奇跡が起ります。突然、愛する人が現れ、あなたは求めるのをやめることができるのです。それは化学のクラスの男の子かもしれないし、ロックコンサートで歌っていた人かもしれません。それは映画スターか、あなたの親友の新しい恋人かもしれません。この種の愛では、相手から返事がくる希望がないとしても、あなたは同じだけ幸せでいられます。あなたは歯を矯正している最中だったり、友だちを裏切ることは絶対にできなかったり、ロックスターに会う可能性はなかったりで、キスが不可能であっても気にしないでしょう。かえってそのために、あなたは完全に人を愛することができるようになるのかもしれません。

最初の恋を振り返ってみると、あなたが夢中だった女の子は、恋そのものとは何の関係もなかったということがわかります。何年もたってから、彼女にたまたま再会し、じっくりと見つめ、いったい自分は過去に何を見ていたのかまったくわからないということもあります。彼女と結婚するためなら何でもしようと思っていたのに、今となっては、彼女があなたの好意に気づかなかったことに感謝します。

愛が相手から来るものでなければ、だれから来るのでしょうか。残っているのは一人しかいません。それはあなたです。**あなた**が自分にその経験を与えたのです。あの至福の経験は、あなたの親友の恋人の素晴らしさやセクシーさによって引き起こされたのではないのです。その素晴らしさや興奮を感じたのはあなたなのです。だれかが鏡を持って、あなたの心をあなたに見せてくれたのです。

恋というのは幻想であり、すべてはあなたから来たものなのだから本物ではない、と言う人がいます。別の見方をすると、恋はあなたの経験の中で最も本物だといえるものです。ただ、それがどこから来たものかという理解が間違っているというだけです。その源は、茶色い目の女の子でもなければ、レオナルド・ディカプリオでもありません。それは、長く失われていた、純粋な喜びを感じるあなたの能力なのです。恋に落ちたときには、ただ自分のために指をパチンと鳴らしていた女の子に戻ることができます。それは、他人に認めてもらうために、あなたが捨てたものです。私たちが「初恋」と思っているものは、私たちを本当の愛そのものに戻してくれます。

年を重ねてくると、違うかたちで恋に落ちるようになります。十代が終わると、だんだん不器用でなくなってきます。そして、練習を重ねるにつれ、認めてもらう能力がついてきます。何回も試したあとに、「君こそが本物だ」と言ってくれるほどにあなたを認めてくれる人に出会うかもしれません。あなたはそれが気に入ります。それほど認めてもらえて嬉しいのです。そしてたぶん、相手のほかの部分も気に入るかもしれません（気に入らないかもしれないけれども、そうであっても、必ずしもあなたにブレーキがかかるとは限りません）。

認めてもらえたので、しばらくの間は安らいでいられます。人の機嫌を取ったり魅惑したりする緊張は減ります。あなたが努力しなくても、愛がただ流れていきます。あなたは愛の幸せに包まれます。ときには、あなたが出会うすべての人、すべてのものを愛せるだけの愛があるようにも思えます。ここでも、あなたはおそらくすべては相手から来るものだと思うでしょう。あなたが「本物」だと思う相手からです。でも、本当は、幸せは、自分自身に戻ったあなたなのです。愛はずっとそこにあったのです。でも、あなたの苦しい考えが、それを見えなくしていただけなのです。

この喜びはどれだけ続くでしょうか。大人の恋は、初恋に似ています――苦しい考えがそれを覆ってしまうまでしか続かないのです。「彼女が本当は僕のことを愛していなかったらどうしよう?」「彼は私の話を聞いてくれない」「彼女はあの男といちゃつくべきではなかった」。これらの考えのどれであっても、あなたの幸せを壊すでしょう。そして、あなたが愛は相手次第なのだという考えを信じている限り、いろいろなかたちで、その幸せは消えていくことになります。

ほとんどの人が、自分の人生で愛を手にすることや寂しさから逃れることは、特別な人を見つけられるかどうかにかかっていると信じています。これは昔からの信念であり、それを問い直すのは勇気がいります。でも問い直してみれば、とても驚くことになるでしょう。あなたは、だれかを腕に抱いていようといまいと、愛を感じることができるのです。そして、もちろん、それはあなたがパートナーをもたないでやっていくという意味ではありません。なぜでしょうか。**いようといまいと**、どちらでもよいのだということに気づくでしょう。つまり、人生は、どんな味つけでも大丈夫なのです。

古い歌で「なぜバカは恋に落ちるのだろう」というのがあります。実は、バカだけが恋に**落ちない**のです。バカだけが、自分はどうやっても他人から、ほかの人種から、鳥から、木から、道から、空から、切りはなされているのだという、寂しい、ストレスフルな考えを信じるのです。

私の言うことを信じようとするのではなく、自分自身に尋ねてみてください。次のエクササイズを試してみましょう。

エクササイズ　自分の幸せはだれかほかの人次第だという考えがなければ、あなたはどんな人になりますか？

この質問に興味を引かれるのであれば、このエクササイズでその答えがわかるでしょう。

まず、愛があなたにとって何を意味するか、思い出してください。愛の経験というのはあなたにとって何でしょうか。

この経験を位置づけるためには、静かにして、目を閉じて、あなたが愛を感じた特定の瞬間を思い出してください。あなたの身体はどんなふうに感じたでしょうか。それはたぶん、あなたがだれかの腕に抱かれて横になっていたときか、飛び込み台から飛び込んだときか、眠っている子どもを見ていたときか、あるいは一人で、特に変わったことをしていなかったときかもしれません。

愛が現れた瞬間を見つけたら、あなたが以前だったらしなかっただろうことをやってみてください。焦点を心の中に向けて、その感覚をよみがえらせてみてください。愛の経験をもたらしたとあなたが信じている人やものに焦点を当てる代わりに、あなたの内側で何が起こったかに気づいてください。あなたが何を感じたかに焦点を当てるのです。ただただその経験の中にしばらくの間とどまれば、それが何なのかがわかります。

その経験を表現する言葉を二、三書いてください。たった今、あるいはいつでも、それをもう一度感じるとどうなるかに気づきましょう。

以下は、この実験をした女性が見つけたことです。

私は、「こんな娘」が欲しいと思っているような両親のもとに育ちました。「こんな娘」とは、静かで、でしゃばらず、能力があるけれども謙虚で、ていねいで、頭が良くて、控えめな娘です。私は、両親に愛してもらい認めてもらうためには、そういう人にならなければならないと思っていました。

これは難しいゲームでしたが、私はルールをよく学んで、両親の望む良い娘のように見せました。人に好かれるためには、相手が望むことを探り出してそういう人のふりをしなければならないのだということを私は学びました。これは大変効果的でした。特に男性を惹きつけはじめてからは。

一五歳から二五歳まで、大勢の男の子や男性が、「私」と恋に落ちました。それはいつもドラマチックでおもしろかったのですが、私が人間としてしっかりと関わったことはありませんでした。相手の気持ちをつかんでしまうと、私は彼が本当の私を愛していないと不満を言い、そして、次の人へと移っていきました。

一人の男性がそのパターンを破りました。彼は、私がどういう人であってほしいのかということを探り出すために私が考えた調査に反応しませんでした。それに気づいてすらいないようでした。彼はただ私を見て私の話を聞きました。彼が私を好きになっているということはわかりましたが、どういう立場で好きになっているのかがわかりませんでした。私は、どういうふうに振る舞って、どういう人を演じたらよいのかわからなかったのです。高級レストランで私が泣きはじめたときに、彼は私を車に連れて行って、私が泣いている間抱いていました。泣いている理由を私に説明させもしませんでした(もちろん、その時点でそれは不可能でしたが)。

ある夜、私たちは、彼のアパートで夕食を共にして泊まるという計画を立てました。彼はその晩電話をしてきて、今日は仕事で疲れた、早く寝たいので翌日に会いたいと言いました。私はとても腹が立ち、拒絶されたように感じましたが、「大丈夫よ。私も疲れているから」と言いました。それから私はおしゃれをして、これを埋め合わせるための男性をつかまえようとダンスクラブに出かけました。でもクラブに到着すると、私はただそこに座り、起こったことを問い直しはじめました。「彼は私を拒絶した」「彼は私とゲームをしているのだ」。私は、自分が本当にはそれを信じていないことがわかりました。自分こそがゲームをしているのであり、ゲームをする必要などないということを悟りました。私は勝たなくてもよいのです。安心が体中にあふれ、音楽が私の中を流れはじめました。私は一人でダンスフロアに飛び出していって、文字通り喜びのダンスを踊りました。私は何時間も踊り、泣き、汗をかき、そして笑いました。

これが、実験でよみがえらせた私の愛の経験です。自分の内側を見てみると、これが私の愛の経験なのです。私はもがくのをやめられます。怖がるのをやめられます。私はただ存在していることができるのです。

❖ラブ・ストーリー

今まで見てきたように、恋に落ちるのは素晴らしいことです。あまりにも良い気持ちなので、カップルになることでそれを永遠のものにしたいと思うのです。あなたはまだ、認めてもらおうとする努力とそれに伴う苦しい考えをお休みしています。たくさんのセックスもしています――セックスは、ほとんどの人にとって、考えからしばらくの間解放されることのできる数少ない手段の一つです。すると、愛がだんだんとなくなってくるように思えるのです。なぜそんな印象をもつのでしょうか。

ここで、カーレース・ファンのアウトドア派の男性に強烈に惹かれている、静かで家庭的な女性の話をしましょう。二人は仕事中に出会いました。彼女は図書館司書です。デートをしている間、彼女はストックカーのレースに出かけたり、森でペイントガンの戦闘に参加したり、その後の戦勝パーティーに行ったりすることを楽しむふりをしています。彼は彼女が緊張しているということには気づいていますが、彼女は見たとおりの人なのだろうと思っています――彼と同種だけれども、もっと繊細なタイプの人なのだろうと。彼のほうも、同様に、日本料理が好きなふりをし、友だちと一緒にスポーツ・バーに出かける代わりに家で彼女と一緒に映画を見たいというふりをしています。彼女は、彼は自分と同種だけれども、もっと外交的なタイプなのだと思っています。二人は恋に落ち、一緒に住みはじめました。

受け入れられ認められているという気持ちが強いのと、起こっていることを理解する手段がまったくないため、恋人たちは自分たちの見かけが愛をもたらしたと考えつづけます。でも、ほとんど気づいていないけれども、彼らは疑いと恐れも感じているのです。二人のどちらも、相手が「愛している」と言ったときにそれを本当には信じることができません。二人がひそかに抱いている考えは、「彼（彼女）は、私が演じている人を愛しているのであって、本当の私のことを愛してくれるかどうかは疑問だ」というものです（何回か行き詰まった経験のあるカップルであれば、こういう考えも隠しています。「私は彼が演じている人が好きなのであって、本当の彼について私がどう感じるかはわからない」）。これらの疑わしい考えは、最初のうちはあまり問題を起こしません。恋人たちは、相手とつながっているという至福の気持ちに包まれているからです。

時がたつにつれて愛の素晴らしさがだめになっていくのは、見せかけを維持しようとする努力がマイナスに働くからなのです。そして、隠された考えが現れることが多くなってきます。ある日、彼女は正直になり、週末はカーレースに行くより家にいたいと言います。彼は混乱して、がっかりします（でも、彼のほうはといえば、図書館から出るところを友だちのだれかに見つかったらどうしようという恐れの中に生きています）。逆襲が始まります。

彼女は「あなたは私に嘘をついたのだわ。夜には家にいて、私たちの関係のために時間を使いたいと言ったじゃないの」。あるいは「昔は私と一緒に家にいるのが好きだったのに、あなたは変わったのね。私のことをもう愛していないのね」と言います。

彼は「君が**僕に**嘘をついたんじゃないか。僕が好きなことを君も好きで、何であれ僕と一緒にいたいと言ったじゃないか」。

深いところでは、どちらも、相手のほうが正しいということを知っています。でも、攻撃し返す代わりにそれを認めてしまうと相手に譲歩することになってしまうと思っているのです。どちらも、「ふり」をやめたいと思っていますが、今まではそれがうまくいっていたのだという信念にしがみついているのです。ですから、自分たちが作りだした役割にとどまりながら（今では、これが役割であるということにも二人とも気づかなくなっていますが）、二人は失望と怒りを味わっているのです。

恋人たちは今ではお互いのことを好きですらないと思っているかもしれません。そして、一緒に暮らしてきた本当の相手に出会うこともなく別れてしまうかもしれません。もともとの見せかけの人間から、怒っている「私人形」を操るところまでまっすぐに移動してしまって、二人とも相手に裏切られたと思っているのです。このような行き詰まりに至るまでには、二人は方向を変えるチャンスを常に逃してきています。例えば、彼女は「あなたの言うとおりだわ。カーレースを好きになろうと努力したけれど、やっぱり嫌いなのよ。耳栓をしなければならなかったわ。あなたに愛してもらいたくてやっていたのよ。私を受け入れて、私のことをおもしろいと思ってほしかったの。それはうまくいった？」と言うこともできたでしょう。

「何！」

「認めるわ、私は嘘をついたの。カーレースが好きなふりをしたわ。そうしなければあなたに愛してもらえないと思ったからよ。本当はどうなの？　どうであっても、私を愛してくれる？」

さて、彼は今、分かれ道に来ています。自分も寿司が好きだと嘘をついたと認めるか、それとも、彼女が嘘をついたことを責めて、怒った「私人形」をまた操りはじめるか。彼女は本当のことを言うというリスクを冒したのです。彼も仲間に加わって、自分の疑いと恐れを打ち明けて、リスクを冒せば、二人は方向を変えて、自分たちにとって何が本当なのかを見つけることができるようになります。何か純粋で素晴らしいことが起こるでしょう。自分自身との正直な関係の始まりであり――もしかすると――相手との正直な関係の始まりかもしれません。

ある関係が良いか悪いか、どうしたらわかるのだろう。あなたが本来もっているやさしさからずれてしまっていると、わかることがある。あなたは幸せではないということだ。そして、相手との関係が良いとは言えないものだったら、自分の考えを問い直す必要がある。自分自身との有意義な関係への戻り方を見つけるのは、あなたの責任だ。

第5章

何かを求めるなら、それは愛ではない

たくさんのカップルが、見せかけをやめたときに起こる失望や怒りを抱えながらも別れずにいます。未だにお互いから何かを求めて、それが得られると思っているのです。よく求める二つのものは、快適さと安心です。それぞれが相手を見て、「あなたは私たちが出会ったときにあなたが演じていた人ではないけれども、**私が求めているものを与えてくれるのであれば、**あなたと別れないで、それを愛と呼びつづけてあげる」と思っています。快適さと安心は、十分に失望を補うものだと信じているのです。そして、快適さと安心のために身を固めるのは、現実的で当然のことだと正当化します。この人たちの考えには、「愛は決して続かない」「私にはこんなものがお似合いだ」「一人でいるよりも愛していない人と一緒にいるほうがまだまし」というような苦しい信念も含まれます。

本当のところ、身を固めることはどれほど快適なのでしょうか。居心地の良い取り決めの中で、二人とも、快適さのために情熱をあきらめたのだと思っています。なぜなら、快適さは同じくらい良いものだからです。

失われた情熱の代わりに、大きく頼りになる安心が手に入ると思うのです。安心や快適さを維持するための項目はたくさんありますが、これらをパートナーが実現することができなければ、怒りが爆発するかもしれません。

彼女は彼が求めるものを与えようと、最大限の努力をしてきたとしましょう。彼が求めているものを自分も求めているようなふりをしょっちゅうしながら。そして、自分が本当はそういうことがしたいのではないとはっきりわかることが時々あるのです。彼女は、彼を喜ばせ、彼を幸せにし、彼に愛してもらうために、自分の幸せを、自分の人生を、犠牲にしているのだと自分自身に言い聞かせます。そのうちに、彼女は一つ間違ったことをし、彼は怒ります。彼女の怒りは沸騰し、そして、独りよがりの大きな爆発が起こります。居心地のよさの下には、たくさんの怒りが隠されていたということです。怒った「私人形」が再びステージに上ってきます。そして、もともとの怒りがまた現れるのです。「一緒になるときにあなたは嘘をついた、あなたは変わった、あなたは私が結婚した人ではない、あなたは私を愛していない」と。

❖ 直ちに怒りに変わるもの、それは愛なのだろうか?

あなたは自分には怒る資格があると思います。結局、あなたは本当に自分自身をさらけ出し、心を開き、傷つきやすい状態になったのです。あなたは、相手はこれを求めるべきだとあなたが思うものを、相手に求めてもらう資格があると思います。

現実はどうかというと、彼はそれを求めていません。彼はただ、**自分が**求めることを求めつづけるだけなのです。彼は自分の要求をあなたに合わせて変えられないのです。**あなた**はだれかに合わせて**自分の**要求を変えられますか。**あなた**は自分が求めていないことを自分に求めさせることができますか。そうです、彼はあなたと同じなのです。

私たちは自分の美しさ、賢さ、魅力を、だれかをパートナーとして捕まえるために利用する。まるで相手が動物であるかのように。そして、相手がカゴから出たがると、私たちは怒り狂うのだ。これは、あまり思いやりがあるやり方とは思えない。それはまた、自分を愛することでもない。

オートミールの男性

ある若い男性が初めて恋人のアパートに泊まったとき、彼女は彼にお気に入りの朝食を出しました。オートミールです。彼は、オートミールが嫌いだということを口に出しませんでした。なぜなら、二人の間に意見の相違を作りたくなかったからです。特にセックスをした直後には。彼は、真実を彼女に話すことは彼女を不機嫌にするだろうという彼自身の思い込みを問い直さなかったのです。

結婚したあとに、彼女はしばしば彼にオートミールを出し、彼は食べつづけました。彼は、オートミールが大嫌いだということを今話せば、自分が長い間正直でなかったということが明らかになるので、ますます彼女を不機嫌にするだろうと思いました。真実を告げたときに彼女が自分のことをこう思うだろうと信じていることに直面するくらいなら、オートミールを食べたほうがましだと思ったのです。そして、二三年たった今でも、彼はオートミールを朝食に食べています。

あなたの人生にこのオートミールのようなものはありますか。あなたが愛のためにやっていることで、そうでなければしないことは何ですか。私は何人かの友だちにこの質問をし、その一人は以下のリストを送ってくれました。


彼のシャツにアイロンをかける。

おいしい夕食を作り、それを楽しんでいるふりをする。

彼のどんな言葉にも傷つかないふりをする。

彼が言ったことで実際よりも傷ついたふりをする。

彼が言うことをいつも気にかけているふりをする。

私は夜型人間だが、無理やり朝型人間になった。

一度、髪を本当に、本当に短く切った。

彼のことをいちばんに考えているということを示すために、自分の家族から遠ざかった。

母の死を悲しむのをやめようとした。

興味のない仕事を選んだ。

快適でない下着を着る。

あなたが愛のためにやっていることで、そうでなければしないことのリストを作ってみましょう。それから、それぞれの項目をあなたのパートナーに読んで聞かせるところを想像してみましょう。「これはうまくいった？　あなたはこれが気に入っている」

❖「私を愛しているのなら、あなたは私が求めることをするはずだ」——それは本当？

野原で草を食べている馬たちは、何も考えずに立っています。それぞれの顔からハエを振り払いながら。夜には、立ったままで眠り、頭をお互いの肩にのせて休みます。平和なお返しは、こんなふうに見えるものです。でも、「文明化された」人たちは、お互いを苦しめるためにお返しをどう利用するかを学びました。私があなたのために何かをしたら、あなたはその代わりに私に借りを作る、という信念がすべてなのです。私があなたに愛をあげたら、あなたは私にも愛か、それと同じだけ価値のあるものを与えたほうがよいというわけです。

あなたがお返しをしなかったらどうなるでしょうか。私は愛を取り返し、あなたを認めるのをやめ、その代わりにあなたに腹を立てます。それぞれの人間関係にはルールがあって、相手の怒りを避けるためにやるべきこと、やってはいけないことをすべて規定しています。これらのルールは明文化されていないし口にすらされません。ルールを破ったときに初めて、それがルールだったということがわかるのです。私が怒っているのがわかれば、ルールを破ったということをあなたは理解するでしょう。するべきではなかったことをしたか、帰宅が遅すぎたか早すぎたか、何かをし忘れたか言い忘れたかしたのです。たぶん、何が悪かったのかを尋ねるべきかもしれません。でも、気をつけて。ルールの一つは、尋ねなくてもあなたはそれを知っているべきだ、というものかもしれませんから。

そして、もちろん、あなたも同じ手法を使って**私**の行動についての**あなた**のルールを見つけるでしょう。私がルールを破ったということがどうしてわかるのでしょうか。あなたが私に対して怒るときが、それなのです。

どんな場合でも、あなたがすべてのルールを探り出して守ろうと全力を尽くせば、あなたは私の愛を得られるのでしょうか。いいえ。あなたは、私の怒りを最小限に抑えて関係を続けられるようにと、私の周りをつま先で歩くようになります。愛は消えたように見えます。愛はどこに行ってしまったのでしょうか。「私を愛しているのであれば、あなたは私の求めることをするはずだ」という考えを問い直すことによって、見つけ出すことができます。

これは、ほとんどの人が物心ついて以来信じてきた考えです。子どもは、**自分**がやりたい遊びを友だちもやりたいと思うことを期待します。そうでなければ、大喧嘩が起こり、足を踏み鳴らしてその場を去り、大人を見つけて「もうあんな子は友だちじゃない!」と文句を言います。友だちというのは自分がしたいことをしてくれる人だという信念はすでにこの子どもの中で完全に生きているのです。この子はそれを両親から学びました。両親は、子どもが言うことを聞いたときには愛していると言い、ほめるというご褒美をあげ、言うことを聞かないときには罰を与えてきたのです。両親が従順は愛の表現であるという考えを問い直したことがないのに、どうしてその子が問い直すことができるでしょう。

自分が本当に必要としていることや求めていることが何なのかが問い直されないと、とにかく、愛してもらい認めてもらうことを求めます。だれかがその要求を満たしてくれたあとに、再び同じ要求が現れることは驚くことではありません。私たちは自分が愛に求めるものや自分が信じているものを、どうしたら問い直せるのかを知らないからです。私たちは、ただ愛することができるということ、そして、欲しいことを「ヒモつき」でなく、ただ求めることができるということを知らないのです。

それは本当?

この本は、**愛についての二つの大嘘**というタイトルにすることもできたでしょう。認めてもらうことについての章で、その大嘘の一つを見てみました。それは、「人から好かれるためには、自己アピールして人の好意を勝ちとる必要がある」(別の言い方をすれば「私はあなたを操作して愛してもらったり認めてもらったりすることができる」)というものです。ここではもう一つの大嘘について考えてみましょう。それは、「私を愛しているのなら、あなたは私の求めることをするはずだ」というものです。それは筋が通っているように**見えます**——とても筋が通って見えるので、その上に、この文明全体を築いてしまったのです。間違っているなどということがあり得るでしょうか。ここでじっくりと問い直してみましょう。

以下の問い直しは、ある女性ができる限り徹底的にやろうと試みたものです。読みながら、あなた自身の**あなた**——自分が求めていることをしてくれないので、自分のことを愛していないのだろうと、あなたが思っている人です——に替えてみてください。そして、どうなるかを見てみてください。

——**「私を愛しているのなら、あなたは私の求めることをするはずだ」——それは本当?**

本当に思える。

——それが本当だと、絶対に言いきれるか？　現実は？

ノー。私はそれが本当だと、絶対に言いきることはできない。現実に起こっていることは、あなたは時々、私が求めることをしないということ。

——「私を愛しているのなら、あなたは私が求めることをするはずだ」という考えを信じると、私はどうなる？

私は、あなたが私のためにしてくれるすべてと、私があなたのためにするすべてを、ギブアンドテイクという観点で評価する。あなたが私をどれだけ愛しているかということを測定するスコア表をつける。私は要求のリストを作り、不当な扱いを受けたときに、あなたに示す。そのリストをかなえてくれればあなたのことを愛するということを言ったりほのめかしたりする。そして、あなたが私を本当に愛しているのならあなたがするであろうことについて別のリストも作る。このリストは、怒ったときにあなたに示すか、あなたが私を愛していないとか評価していないというようなことの証拠として自分の中で利用する。私はあなたと距離をとる。その理由は、あなたが違反したということ。つまり、私の望みをかなえられなかったということだ。私はセックスを控える。自分がひそかにあなたにあげたいと思っているものをあげないでおく。そして、そのことについてたくさんの恥ずかしさや罪悪感を抱き、自分を嫌いになり、過食を始め、喫煙や飲酒の度が過ぎるようになる。それをあなたのずるさのせいにすることで、自分の行動を正当化する。私は自分が寂しかったり空しく感じたりするときにあなたに腹を立てる。あなたが私の求めることをしてくれさえしたら、私はこんな気持ちにならずにすんだのに、と考えて。私の考えは通常、あなたは私のことを愛していないのだというところに落ち着く。

――「私を愛しているのなら、あなたは私が求めることをするはずだ」という考えを信じなかったら、私はどんな人になる？　その考えが私の頭をただ空気のように通り抜けてしまったら？

私はあなたを、スコアを付けずに見るだろう。あなたのやったことが、私を愛しているということを意味するのか愛していないということを意味するのか、と自分を悩ませずにすむだろう。私が求めることをあなたがやらないとしても、私はかまわないだろう。私は、あなたがなぜそれをやらなかったのか、なぜやらないことがそのときのあなたにとって正しかったのか、ということを理解するだろうし、理解できないとしたら、あなたに尋ねればよいだろう。私はそれを自分の問題としてはとらないだろう。私は落ち着いて幸せにしていることができるだろう。あなたにしてもらいたいと思うことが自分でできることなら、私はただ自分でやるだろう。「私を愛しているなら、あなたは私の求めることをするはずだ」という考えがなければ、私は自分自身のところに戻ってくるだろう。自分があなたを愛しているということに気づくだろうし、それから自分自身の活動を続けるだろう。私が愛して気にかける人という以外の存在としてはあなたが私の人生に存在しないようなものだろう。私ははるかに落ち着いて幸せな人になるだろう。私はあなたに感謝するだろう。私は自分のことをもっと好きになるだろう。

――この考えのひっくり返しは？

「私を愛しているのなら、あなたは私の求めることをしないはずだ」。イエス。こちらのほうがより正しいということがわかる。あなたが私の求めることをしなかったために私の人生が実際にどれほど良くなったかという例を三つ挙げてみよう。一つめは、私があの株を買いたいと言ったのに、あなたがそれは良い考えではないと言ったとき。あなたは譲らず、株価は暴落し、私たちは失ったはずのお金でプリウス〔訳注：トヨタのハイブリッド車〕を買った。私に降参しないでくれてありがとう。私はプリウスが大好き！　二つめは、私の友だちと一緒にインド料理レストランに行ってほしかったのに、あなたがきっぱりと断ったこと。私は、私の機嫌をとらなければならないという気持ちであなたがついてこなかった、ということに敬意を表する。あなたは自分の胃と、時間と、誠実さを守ったのだ。三つめは、孫に会いにラスベガスに行ったとき。私は本当にあなたに一緒に来てほしかったけれども、あなたは、家に残って一人の時間を楽しみたいと、その週末には行かないということを選択した。私がその週末に子どもや孫と過ごした時間の忙しさや騒々しさをあなたが逃れたことはとても良かったと思う。双子のための買い物、キッチンの手に負えない騒々しさ、間断なく続く笑い声、食べ物、音楽。あなたが一人で、本を読み、仕事をし、長い時間入浴し、美しい自分自身と静かに会話し、私たちが一緒のときに楽しむ生活をしている様子を考えるのが私は好きだった。私はあなたが自分自身の誠実さを生きていることに敬意を表するし、子どもたちも同様だ。子どもたちはあなたの落ち着きから多くを学んでいる。私はあなたが自分自身に、子どもたちに、そして私にとても寛大であることが好きだ。何かをするかしないかについて自分の考えがあるときに、あなたがどれほどしっかりしているか、そして、私を含めてだれが何と言おうとあなたがそれを守るということも好きだ。

――ほかのひっくり返しは？

「自分のことを愛しているのなら、私は自分が求めることをするはずだ」。イエス。時々私は何が良いかを知らせる声を自分の中に感じることがある。それなのに、私はそれを無視して聞かない。二度、三度と聞こえても。やるべきだとわかっていることをやらないことがある。私は時々最も単純な心の声すら無視していることに気づいている。私は子どもたちの声を聞くためだけに電話をしたいと思うが、それを引き延ばすことがある。そういうときには、私は自分自身をだまして素晴らしい喜びを奪い去っているのだ。

――ほかのひっくり返しは？

「あなたを愛しているのなら、私はあなたが求めることをするはずだ」。イエス。それはわかる。私があなたを愛しているのなら、自分に正直に正しく感じられるときには私はあなたが求めることをするだろう。あなたの気持ちが私の気持ちと同じなら、私たちの意見は一致するし、それはとても単純なことだ。また、あなたが私を必要とするときに一緒にいてあなたの話を聞くことは、私にとっては何でもないことだ。それどころか、私はそれを求めているのだ。私が勝ち負けを手放すことができれば、あなたに本当に与えたいものを与えるのは簡単だし、それによって利益を得るのは私自身だ。私は、あなたに与えることは自分に幸せを与えることだと気づいた。また、あなたが求めているものを私が与えれば――例えば、私は興味がないけれども、あなたが行きたいところに私も行けば――私はあなたと自分について多くのことを発見する。私がまだ発見していないものがあなたの人生にはたくさんある。単に、それは好きではないだろうと勝手に思い込んでいたから。たぶん、今まで拒絶してきたことをするのはとてもおもしろいことだろう。ただ、やってみることで何が見えるかを知るだけでも。あなたが求めることを私がするときには、私の人生はもっとおもしろくなることが多い。私は開かれた心であなたの話を聞くことで多くを学ぶことができる。

愛が、これらのひっくり返しのどれか、あるいはすべて――「私を愛しているのなら、あなたは私の求めることをしないはずだ」「自分のことを愛しているのなら、私は自分の求めることをするはずだ」「あなたを愛しているのなら、私はあなたの求めることをするはずだ」――を含んでいるというのは、いったいどういうことなのでしょうか。愛を欲求から幸せに切りはなして、自由に生きはじめられるということなのです。

前章の終わりに出てきた、図書館司書の女性と一緒に暮らしはじめた男性のことを覚えているでしょうか。あの話は、彼女が実はカーレースを好きではなく、もう彼と一緒にレースには行きたくないということを知って彼がショックを受けたところで終わりましたよね。愛というものは彼が求めていることを彼女がするということとは何の関係もないということに彼が気づいたらどうなっていたでしょうか。彼らの人生はその後どうなったでしょうか。

「じゃあね、私はレースには行かないわ。そのあとに私と夕食というのはどう？――ヒューストンでリブを食べるというのは？」

「いや結構。誘ってくれたのは嬉しいよ。僕は詩のワークショップに行くよ」

「いいわ。あなたはあそこで本と猫と一緒にいると幸せそうに見えるわよ」

「君も幸せそうに見えるよ。楽しんでね。じゃあまたあとで」

❖正直なコミュニケーション

だれかを愛することと、その人に自分の求めることをしてもらいたいと思うことの違いを知っても、それはあなたが自分の求めることを頼んではいけないという意味ではありません。あなたは頼んでよいのです。その答えが、あなたへの愛と何の関係もないということを知っていれば。ひそかな計画表を隠し持っているのでなければ、頼むということがずっと簡単になることを発見するでしょう。そして、相手が何と答えてもあなたは大丈夫だということに気づけば、素晴らしい親密さがあなたたち双方に開かれるでしょう。

エクササイズ 正直なノー

正直なコミュニケーションは、自分自身とのコミュニケーションから始まります。それは、他人があなたの答えにどういう反応をしようと、あなたにとって真実であることをもって答えるということを意味します。まず、あなたは自分にとって何が本当に真実であるかを見つけなければなりません。不正直なイエスは、あなた自身へのノーになります。

このエクササイズを試してみてください。相手からの要求にジレンマを感じるときに、単にノーと言うところを想像してみてください。起こるであろうとあなたが思うことに目を向け、生じる怖い考えを書き出し、問い直してみてください。特に、「ノーと言ったら、彼は私を愛してくれないだろう」とか「ノーと言ったら、彼女は僕が彼女を愛していないと思うだろう」のようなものについては。

例えば、あなたの十代の娘が、雨の日の夜遅いパーティーに行くために車を借りたがっているとします。彼女は、このパーティーは自分にとってすべてなのだと言います。車を貸さなかったら、あなたのことを一生嫌いになると言います。躊躇するとき、あなたは何を考えていますか。さあ、その考えを問い直してみましょう。「ノーと言ったら、彼女は私を嫌いになるだろう――それは本当？　その考えを信じると、私はどうなるだろう？　その考えがなければ、私はどういう人間になるだろう？　ひっくり返しは何だろう？」

あるいは、あなたの親友が、三週間ハワイに行く間、あなたの小さなアパートに彼の犬を置いて行ってよいかと尋ねている、という状況かもしれません。あるいは、あなたの恋人があなたとセックスをしたがっているけれども、あなたはしたくないのかもしれません。あなたがジレンマを感じる瞬間を見つけて、問い直してください。相手にノーを言うことは、自分にイエスを言うことだということに気づいてください。そして、無条件に愛することは可能だということに気づいてください。あなたの答えがノーであっても。

人はいろいろなことを頼むものです。自分の正直な答えがノーであることを発見したら、あなたの愛を同時に伝えれば、ノーという答えを伝えるのは単純なことです。ノーと言うことも、愛を認めることも、どちらもあなたの答えの一部なのです。これらの要求に正直なノーを表現しつつ、それでもあなたはちゃんと相手の話を聞いてその求めにも敬意を払っているということを知らせる例をいくつかご紹介しましょう。あなたにとって、どの言葉が最も愛情があって、自然で、真実かを見つけてください。これらの言葉を試してみて、自分自身の誠実さの中にとどまることがどんな感じかを味わってください。

「頼んでくれてありがとう。でも、できないわ」

「わかるよ。でも、できない」

「あなたの言うとおりかもしれないわ。でも、できない」

「君のことが気になるよ。でも、できない」

「あなたにとってはそれが良いということはわかるわ。でも、私にはできない」

「僕は君に喜んでもらいたい。でも、できないんだ」

「あなたにノーと言うのが怖いので、支えてね。答えは今のところノーなの」

「まだわからない。あとでまた尋ねてみて」

ただ頼む

あなたがはっきりとコミュニケーションする人でなければ、あなたは人生を、愛されず、誤解されて過ごしているかもしれません。ただ自分が求めていることを言えば、世界全体が変わるだろうということに気づくこともなく。はっきりとしたコミュニケーションの第一歩は、自分自身とのコミュニケーションだということを思い出してください。

あなたが求める何かがあって、それをなかなか頼めないというところを想像してみましょう。あなたはパートナーにそれをやってもらいたいと思っています。あるいは、やってくれないので彼に腹を立てています。あるいは、ちらりとほのめかしてみたり犠牲者のような顔をして彼に罪悪感を抱かせたりすることによって彼を操作しようとしています。その間じゅうずっと愛されていないと感じながら。さあ、あなたが求めるものをただ頼むところを想像してください。そして、起こりうる結果についての怖い考えを書き出してください。「私は今年の感謝祭の休暇を一人で過ごして、ヨガのリトリートに行きたい。夫に話したら、彼は……」「私は妻にもっと愛情深くなってほしい。もっと私に触れてほしいと言ったら、妻は……」。さあ、これらの考えを問い直してみましょう。『妻に頼んだら、拒絶するだろう』――それは本当？　それが本当だと、絶対に言いきれる？　その考えを信じると、私はどうなる？　その考えがなければ、私はどういう人間になる？　ひっくり返しは何？」

欲求から愛を切りはなすことができれば、単に頼むということがずっと簡単になるということに気づいてください。でも、頼まなければなりません。人は他人の欲求を読むことはできません。超能力はないのです。

ただ頼むことを練習してください。今日、三人の人に何かを頼んでください。親切にせず、操作をせず、注意深くせずに、頼んでください。単純にそしてはっきりと、あなたの要求を正当化することなく、頼んでください。頼みながら、恐れと、生じるであろう安心にも気づいてください。自分が頼まなかったことが手に入らなかったと腹を立てるのではなく、自分が求めることをただ率直に頼んでみると、あなたはどういう人間になるでしょうか？

ただ**自分**に頼む

自分が求めることを頼むとき、他人は必ずしも常にあなたの要求を満たすことができるわけではない、あるいはそういう意思がないこともある（あるいは、ときには、不正直さゆえに要求を満たしてくれることもある）、ということに気づくことは重要です。その場合には、だれか別の人に頼むか、ひっくり返して**自分**

に頼んでみましょう。あなたが求めていると思うものをあなたに与えてください。皆がノーと言うのであれば、残っている人はだれでしょうか。明らかに、あなた自身が、あなたが待ち望んできた人なのです。

あなたが求めているのは、あなたに対してもっと正直になってくれる人、話をしてくれる人、話をしすぎない人、友だちになってくれる人、あなたを一人にしてくれる人、いつでも良い顔ばかりをするわけではない人、といったところかもしれません。あなたはこのうちのどれかを自分自身に与えることができますか。あなたは抱きしめてほしいのかもしれません。抱きしめてもらうことによってあなたが得られるものは何だと思いますか。それを感じて、それをあなたにあげてください。それがうまくいかないようなら、だれかに直接頼んでください。ノーと言われて、それでも抱きしめてほしいと思うのであれば、ほかのだれかに頼み、またほかのだれかに頼み、抱きしめてもらえるまで続けてください。あなた以外にこれを止められる人がいますか?

あなたが本当に求めているものは愛だということに気づくかもしれません。そうであれば、何かを愛と引き換えにしようとする衝動に気づいてください。ただ取引をやめて、その代わりに愛を感じられるようにしたら、何が起こるでしょうか。例えば、あなたがパートナーから愛されていないと感じるとしましょう。パートナーはあなたを気にかけているようには見えないのです。突然、彼にプレゼントを買うなど何か「寛大な」ことをしようとする衝動があなたに芽生えます。より注意深く見てみれば、あなたはプレゼントをあげるのと引き換えに、気にかけてもらおうとしているのだということに気づくでしょう。

その代わりに、あなたが自分自身を気にかけてあげたとしましょう。当然、これは苦しみを引き起こしている考えを問い直すことを意味します。考えというのはこの場合、「彼は私を気にかけてくれない。それは、彼が私を愛していないということを意味する」というものでしょう。それは本当?　あなたはそれが本当だと、絶対に言いきれますか？　その考えを信じたときに、あなたはどうなりますか？　その考えがなければ、どういう人になりますか？　その考えをどのようにひっくり返しますか？

問い直しを終えたら、あなたがまだ彼にプレゼントを買いたいかどうかを考えてください。まだ買いたいかもしれません。そうであれば、それは何かと引き換えにするものではないはずです。愛と取引とを区別する一つの方法は、愛に基づいて贈り物をする場合、あなたはその喜びを自分自身に与えているということなのです。

第6章

人間関係ワークショップ

今まで見てきたように、愛には二つの基本的な誤解があります。一つは、愛を得るためには他人を操作しなければならないというもの。そしてもう一つは、愛というのはあなたが求めるものを手に入れることだというものです。あなたは、少しの問い直しによって、これらのどちらも自分にとって真実ではないということを発見したかもしれません。そのような土台の上に成り立っている人間関係がなぜ難しいのかという理由は明らかです。そして、自分自身にとっての真実にとどまっていれば、幸せな人間関係がもてるということも、簡単に理解できます。

では、自分にとっての真実に、どのようにしてとどまることができるのでしょうか。最初のステップは、自分にとって最も親しい人間関係は、〝自分の考え〟との関係だということを思い出すことです。これは、あなたが二〇年間結婚していて子どもが六人いようと、あなたが独身でデートをしているところでも、あなたが離婚していても、失恋したところでも、孤独でも、これらのどの組み合わせでも、当てはまることです。

開かれた心は、開かれた頭がなければあり得ません。

あなたのパートナーが、あなたと向き合って座って本を読んでいるとき、あなたは彼女が美しいと思っているかもしれないし、彼女は本を読まないで自分と話をすべきだと思っているかもしれません。彼女はちらりと目を上げて、彼女を見ているあなたを見て、「何を見ているの？」と言うかもしれません。彼女がそれによって何を言いたかったのだろうかというストーリーをあなたは自分自身に聞かせるかもしれません。あなたが考えていること――「僕は彼女をイライラさせている」「彼女は一人になりたいんだ」「彼女は僕が時間を無駄にしていると思っている」――を信じるのであれば、あなたの反応は、彼女とは無関係のものになります。あなたは彼女が考えているだろうとあなたが考えたことに反応したに過ぎないのです。

あなたの考えを問い直すことは、あなたのパートナーを理解することにつながります。あなたと彼女との関係の質を決めるのはあなたが彼女について何を考えているかということではなく、あなたが彼女について考えていることを**信じる**かどうかなのです。「彼女は僕を気にかけるべきだ」というような、バカげた、問題を起こす考えが、あなたの頭に勝手に浮かんできます。というのは、あなたがそう考えたわけでもなく、その考えがあなたを考えるのです。それを抑制したりコントロールしようとしたりしても、うまくいったためしがありません。でも、このような考えを問い直して理解できるようになると、あなたの邪魔をする力もなくなりますし、知性のない、親切でない行動をあなたにさせる力もなくなるのです。かつてあなたの邪魔をしていた考えが現れたら、微笑んで、それが来た方向に戻っていくのを穏やかに見ていればよいのです。

この章では、さまざまな人間関係の問題を抱えた人が、四つの質問とひっくり返しを使って自分たちの考えを問い直すところを見ていきます。私のワークショップやスクールに参加した人たちに私が質問をして答えた実際の対話を引用したものです。あなたは自分自身の人間関係についての誤解のいくつかに気づくでしょうし、その裏側にある考えが問い直されるとどのように解決するかを楽しめるでしょう。
あなたの人間関係で何か辛いことがあり、なぜなのかが明らかでない場合、同じことができます。座って、紙に考えを書いてみましょう。あなたのパートナーについての不満に集中しましょう。やさしくならないように。どんな欠点でも見つけたら、大げさに書いてみましょう。二九五ページのワークシートを参考にして、あなたがどれほどひどい扱いを受けたか、相手は何をすべきで、すべきでないか、あなたが相手から何を求めて何を必要としているのか、あなたがこれ以上我慢できないことは何かを書いてください。そしてあなたがそれを紙に書いたら、あなたが信じていることを問い直してください。四つの質問をして、ひっくり返してください。

［対話の目次］

考えを問い直しはじめれば、私たちのパートナーは、生きているにしろ、亡くなったにしろ、離婚したにしろ、常に自分にとって最も偉大な教師になる。あなたが一緒にいる相手には何の過ちもないのだ。その関係がうまくいったにしてもいかなかったにしても、相手はあなたにとっての完璧な教師だった。そして、問い直しを始めれば、あなたにはそれがはっきりとわかる。この宇宙には過ちというものは決してないのだ。

だから、パートナーが怒っていても、よろしい。パートナーに欠点と思われるところがあっても、よろしい。なぜなら、これらの欠点はあなた自身のもので、あなたが相手に投影しているものだから。それを書き出し、問い直し、あなた自身を解放してあげよう。インドにグルを探しに行く人もいるが、その必要はない。あなたはグルと共に生きているのだから。あなたのパートナーは、あなたの自由のために必要なものをすべて与えてくれるだろう。

❖ 彼女は僕を幸せにしてくれない

〈僕は彼女に腹を立てています。彼女が僕を幸せにしてくれないからです〉

──「彼女は僕を幸せにすべきだ」──それは本当ですか？

〈僕はそうしてほしいんです〉

──そして、彼女はそうすべきだと、絶対に言いきれますか？

〈いいえ〉

――それは、ものすごく苦しむための秘訣みたいなものですね。それを信じると、あなたはどうなりますか？

〈ええと、頭に来て、くよくよと考え込んで、それからものすごく腹が立ちますね〉

――その考えを信じると、彼女に対してどういうふうな態度をとりますか？

〈彼女にガミガミ言います。乱暴なしゃべり方をします。小さな子どものように泣き言を言うときもあります。彼女が僕にしてくれることは評価しません。彼女に感謝しません〉

――彼女があなたを幸せにすべきだという考えがなければ、あなたはどういう人になりますか？

〈独立して、自由に〉

――そして幸せに？

〈少なくとも、今よりは〉

――私も同感ですね。「彼女は僕を幸せにすべきだ」――ひっくり返してください。

〈僕は僕を幸せにすべきだ〉

——では、あなたが自分自身を幸せにできる方法を三つ言ってください。あなたが自分自身に与えていないことで、そのために彼女を責めているものを三つ。

〈はい。僕は友だちともっと野球に行きたいです。罪悪感をもたずにもっとテレビでスポーツを見たいです。それから、彼女が妹夫婦と夕食をとるときにいつも一緒に食べなければいけないと思いたくないです〉

——よくできました。だれのことも待たないで、あなたがそうできるんですよ。自分の幸せに自分で責任をもてば、彼女を助けてあげられるんです。そのための一つの方法は、自分の考えを調べつづけて、自分の人生で起こっていることは彼女のせいであるという信念から自分自身を解放してあげることです。そうすれば、本当の幸せが自分の中に見つかります。そのあとは、もう何もいらないのです。別のひっくり返しもあるでしょう。

〈僕は彼女を幸せにすべきだ〉

——そうですね、あなた自身のために。それはあなた自身の哲学だからです。もちろん、あなたは彼女を幸せに**する**ことはできません。あなたはだれのことも幸せにすることはできません。それは絶望的なことです。でもあなたは彼女に花を買ってあげることができるし、親切にすることができるし、寛大になることができるし、あなたが幸せでないのは彼女のせいだというふうに考えたときには自分自身に目を向けることができます。あなたは、自分自身の人生に欲しいものを彼女に与えることができるのです。そうやって与えると、あなたも幸せになりますし、そもそもあなたは彼女との関係で幸せになることを求めているわけですよね。私が朝、夫にコーヒーを持っていくことについて言えば、私はコーヒーを入れ、夫のところに持っていき、セッティングします。夫がコーヒーをいらないと言えば、いずれにしてもそれは彼のためのものでなかったということがわかります。私はコーヒーを入れるのを楽しみましたし、自分のためにやっていただけなんです。そしてコーヒーを欲しがっても欲しがらなくても、彼が「ありがとう」と言うと、彼はいったい何に感謝しているのだろうかと不思議に思うのです。私は**自分の**ために、夫にコーヒーを持っていくのです。彼への愛を生きるために。人生は、一度理解することができれば、素晴らしい夢なのです。

❖妻の要求

〈妻は私への要求が多すぎる〉

——それは本当ですか？　偽りの生活を送って、本当はノーと言いたいのにイエスと言っている人はだれでしょうか？　彼女は自分の要求をあなたにどうやってやらせるのですか？

〈やらなければならないと感じるんです〉

――言い方を変えれば、あなたは彼女にイエスと言うのですね。あなたは嘘をつき、自分が本当は与えたくないものを彼女に与え、それによって自分を傷つけるのです。そして、あなたはそれが彼女のせいだと言う。あなたが彼女に対して正直であれば、「君のためにそれをやってあげたいと**思いたい**よ。でも本当のところ、まだそれをやりたくないんだ。もしかするとずっとやりたくないかもしれない」と言うこともできるのです。あるいは、「それはやりたくないよ。知恵を合わせて、別の方法を見つけようよ」とも。ノーを言うためのやさしく正直な言い方はたくさんあるのです。でも、あなたは彼女にイエスと言う。なぜかというと、あなたは彼女から何かを得る必要があると信じているから。そして、彼女がそれを与えてくれないと困るので、やりたくないことをやるのです。エゴは愛するということをしません。何かを求めるだけなのです。イエスと口では言うけれども本当はノーのとき、あなたは自分自身と彼女に嘘をついているのです。彼女に与えてもらいたいもののために、嘘をつくのです。ということは、彼女とあなたと、どちらのほうが要求が多いのでしょうか。

〈わかりました。たしかに私は妻に認めてもらうことを要求しているんです〉

――彼女はあなたに一日一〇〇回でも要求することができますが、あなたは「愛しているよ。でも、できないよ」と言えばよいのです。そして、彼女が「やってくれないのなら、出て行きます」と言ったとしたら、あなたは「わかった」と言えばよいのです。そして、ただ何が起こるか見ているのです。彼女は出て行くでしょうか。でも、あなたが本当はノーと言いたいのにイエスと言うとき、あなたは自分の誠実さを失い、自分自身を失います。あなたがずっと一緒に生きていくのはあなた自身なのに。あなたがイエスと言って、それが嘘である場合、あなたは自分自身を失い、そして彼女のこともいずれにしても失うかもしれません。

私の前の夫は、私にあらゆる要求をしましたが、それが私に適したことでなければ、私は彼に本当のことを話しました。例えば、「あなたを愛しているけれども、それはできないわ」と。それをやると自分の誠実さに反するというところまで言う必要はありませんでした。彼は、しょっちゅう、怒鳴って、ののしって、私と別れると脅しましたが、私は「わかるわ。あなたが正しいかもしれないわね。あなたを愛しているわ。でも、私はあなたが頼んでいることはできないのよ」と言いました。でも、私が本当はノーと言いたいのにイエスと言ったとしたら、私は自分自身を再び失ったでしょう。私と一緒に生きていくのは私自身なのに。私が彼にイエスと言って、それが嘘だったとしたら、私は自分との結婚を失うところでした。そして、彼は見せかけの妻と一緒に暮らすところでした。

〈つまり、妻は私から手に入れるべきものについての期待や望みがあって、彼女はそれを表現する。そして私は彼女に愛され評価されたいので、彼女の期待を満たすということですね。私がそのサイクルそのものをやめれば、彼女は私と別れるかもしれないし、それはものすごく怖いんですが〉

――そうですね、でもあなたはいずれにしても彼女を失っているのですよ。あなたが一緒に暮らしているのは幻想以外の何者でもないのですよ。あなたは頭の中の怪物と一緒に暮らしているのです。自分が要求することをすべてやらないと別れるという怪物と。あなたは自分の妻にまだ会ってすらいないのですよ。彼女がどういう人間かについて自分で作ったストーリーと暮らしているのです。あなたを怖がらせているのはそのストーリーであって、彼女ではないのですよ。

❖夫は私たちの関係を立て直そうとしない

〈夫が私たちの関係を立て直そうとしないので私は夫に腹を立てています〉

――「彼はあなたたちの関係を気にしていないが、気にするべきだ」――あなたはこれが愛だと感じますか？　彼はあなたのことを気にかけるべきだという考えを信じると、あなたは彼にどういうふうな態度をとりますか。

〈彼を無視して、彼は悪いと決めつけます〉

――その考えを信じると、まさに地獄ですね。彼はあなたのことを気にかけるべきだという考えがなければ、彼と一緒のときにあなたはどういう人になりますか？

〈私は彼を気にかけると思います〉

――そうですね。あなたは彼から愛を得ようとしているけれども、あなたはすでに愛なのです。

〈彼に愛を求めるのはいつも辛いのです。だって、そうすると、それは本当に彼から来るものではなくなってしまうから〉

――そうです、そうです。「夫が私たちの関係を立て直そうとしないので、私は夫に腹を立てている」――ひっくり返して。

〈私が自分自身との関係を立て直そうとしないので、私は自分自身に腹を立てている〉

――そう。あなたが心の中で、彼がやるべきことに口を出して、彼がだれを愛すべきか愛するべきでないかを指示していると、あなたは孤独と寂しさを感じるのです。ほかのひっくり返しは見つかりますか？

〈私が彼との関係を立て直そうとしないので、私は自分自身に腹を立てている。これが本当だというときはあるわ。私が人生を自分にとって快適にすることだけ考えているときは〉

――そうですね。あなたは「彼が気にかけはじめたら、彼との関係を立て直そう」と思っているのです。でも、それは決して起こらないのです。ですから、あなたは家に帰って「あなた、私はとてもワクワクしているの。あなたが気にかけてくれないことが嬉しいわ。私も私たちの関係を気にかけていないということを発見したばかりなの」と言ったらどうでしょう。

〈それは本当だわ！　そして、本当におかしいわ！〉

――そしてあなたは「私は、自分があなたのことも気にかけていないということも発見したわ。自分の人生を快適にすること以外は」という部分も言いたくなるかもしれませんね。

〈はい〉

――あなたが彼について言うことは、すべてあなた自身のことなのです。彼はあなたが作ったストーリーなのですよ。今まで、あなたは本当の彼に会ったこともないのです。

傷ついた気持ちや不快感は、どんなものであれ、他人によって引き起こされるのではない。私以外のだれも私を傷つけられないし、そんなことは不可能だ。私がストレスフルな考えを信じたときだけ、私は傷つく。そして自分の考えを信じることによって自分を傷つけているのは私自身なのだ。これはとても良い情報だ。なぜなら、だれか別の人に私を傷つけるのをやめさせる必要がないという意味だから。私を傷つけるのをやめられるのは、私なのだ。それは私の力でできることだ。

私たちが問い直しでやっていることは、結局は、自分の考えをシンプルに理解するということ。痛み、怒り、欲求不満は、問い直しのときが来たということを教えてくれる。自分の考えを信じるか、問い直すかだ。それ以外の選択肢はない。自分の考えを問い直すほうが、やさしいやり方だ。問い直しをすれば、必ず、私たちはもっと愛のある人間になれる。

夫がセックスを求めすぎる

〈私の夫は性的に要求が多すぎるのです〉

――それは本当ですか？　彼は何を要求するのですか？

〈ええと、本当に要求するというわけではないんです。夫は私にセックスをしてくれと言うのです〉

――では、彼が性的に要求が多すぎるというのは、本当のことですらないのですね。おもしろいですね。そして、彼の要求が多すぎると思うと、あなたはどういうふうに反応しますか？

〈以前はプレッシャーを感じて、自分がセックスをしたくてもしたくなくても、イエスと答えて彼を喜ばせようとしていました。でも、今ではほとんどいつもノーと言います〉

――そして、彼の要求は本当は多くないのに、要求が多いと信じているとき、あなたはどういうふうに反応しますか？彼がその話題を持ち出すときに何を考えているのだろうと想像してみるのは、拷問部屋みたいでしょうね。

〈私は彼を信じられません。彼が私にやさしいと、ただその気にさせようとしているのだろうと思います。緊張してしまって、とてもその気になどなりません。彼は操作的で卑劣です。自分のことばかり考えて私の気持ちを考えてくれないと思います。私は腹が立って、ますます彼から気持ちが離れます〉

——あなたがなぜ緊張してしらけてしまうのか、わかりますよ。自分勝手だと信じている人と寝たい人はいませんからね。彼は要求が多いという考えがなければ、あなたはどういう人になりますか？

〈彼が尋ねたときには、私はただ正直にイエスかノーを言います。彼はいつもセックスばかり求めているんだろうとは想像しません。私がノーと言ったときに彼が不機嫌になったら、それは私と何の関係もないことです。私がやるべきことは、ただ、その不機嫌な男性と、その瞬間にセックスをしたいのかどうかと自分に尋ねることだけです。彼は、不機嫌な男性と満足した男性と、どちらとのセックスを私が好むかに気づくでしょう。今よりもセックスの回数は増えるだろうなと思います〉

——そうですね。彼のことを、自分のしたいことをあなたに正直に伝えている人として見られるかもしれませんね。本当にあなたのことを愛している人として見られるかもしれません。あなたが彼にどういう態度をとっているかを見てごらんなさい。それでも、彼はまだあなたと親しくしたいのですから。「私の夫は性的に要求が多すぎる」

——ひっくり返してください。

〈私は性的に要求が多すぎる。私はセックスをしたくないと要求することが多く、彼の性生活を本当にコントロールしています。夫は私の心を読むべきであって、私がセックスをしたいときにだけ求めるべきだと思うなんて、

私は性的にものすごい要求をしているんですね〉

❖ 彼女は私を無条件に愛してくれない

〈妻が私を無条件に愛してくれないので、私は悲しい〉

――「彼女はあなたを無条件に愛するべきだ」――それは本当ですか？

〈はい〉

――それが本当だと、絶対に言いきれますか？

〈ええと、絶対にではありません。そう思うだけです〉

――そうですね。現実と議論しても絶望的です。その考えを信じると、あなたはどういうふうになりますか？

〈悲しくなり、彼女に失望し、怒るときもあります。私は引きこもります。落ち込んで、自分はもっと良い扱いを受けるに値すると思います。自分を哀れみます。私は結婚相手を間違えたと思うこともあります〉

――ええ、彼女が理想の妻というあなたの夢を実現してくれないからですね。彼女はあなたを無条件に愛するべきだという考えを信じなければ、あなたはどういう人になりますか？　その考えを二度と信じなかったら、彼女と一緒のときにあなたはどういう人になるでしょうか？

〈私は彼女から無条件の愛を期待しない人になると思います〉

――彼女がどれほど条件をつけてあなたを愛そうとも、**あなた**が**彼女**を無条件に愛するだろうということですね。彼女はあなたを無条件に愛するべきだと信じている限り、あなたは実際に一緒に暮らしている妻のことを話しているわけではないのです。あなたは自分の想像の中での妻について話しているのであって、自分が一緒に暮らしている妻を無条件に愛しているわけではないのです。ですから、ひっくり返してみましょう。

〈私が彼女を無条件に愛していないので、私は悲しい。でも、私は本当に彼女を愛しているのです。私は、人は自分のパートナーを無条件に愛さなければならないと信じています――それが、結婚したときに私が約束したことだし、現にやっていることです〉

――もう少し深く見てみましょうね。あなたが彼女を無条件に愛していないという根拠を三つ挙げられるか、見てみましょう。彼女に腹を立てて引きこもるときには、彼女をうんと愛しているようには聞こえませんね。

〈ええと、それは本当です。そういうときにはうんと愛しているとは感じませんでした。そうですね、彼女が私を無条件に愛していないと考えるときに、私が彼女を無条件に愛していないというのは本当だと思います。私は腹を立て、心を閉ざすのです。それは本当です〉

――ほかに、あなたが彼女を無条件に愛していないと思うときがありますか？

〈私たちはお金のことで議論をします。先日、私が欲しがっている新しいボートを買うお金がないと彼女が言ったとき、私は腹を立てました。実は彼女は正しかったのですが、私はそれが本当でないかのように振る舞い、彼女に対して冷たく意地悪にしました。今では本当に心が痛みます〉

――そうですね、今晩家に帰ったら、彼女が正しかったと認めてください。心から謝るのです。今あなたが感じているように。どうすれば償えるかを聞いてください――そして、彼女が言うことを本当に聞いてください。自分の立場を守ることなく。あなたが自分の人生に求めているこの無条件の愛について本気であれば、彼女はあなたが本当に行きたいところに連れて行ってくれるでしょう。謙遜というのは、卑屈とは正反対で、あなたが自分のパワーに入っていく始まりなのですよ。もう一つ例を見つけられますか？

〈はい。私は彼女がほかの女性のように魅力的でないことを罰しました。体重が増えたことについてです。ばかげたことに、私は本当は気にしてすらいないんです。彼女をとても愛しているので、私には美しく見えるのです。私は彼女が食べるものを批判します――でも、私こそ、自分の食べるもののことを考えなければならないんです。そして、それが別のひっくり返しだということがわかります。つまり、「私は自分自身を無条件に愛するべきだ」

ということです。そして、私は自分を無条件に愛していないことが多いんです〉

――あなたが自分自身を無条件に愛していないという三つの例を見つけられますか？

〈食べ過ぎると、私は自分自身に対してとても残酷な見方をします。食欲をコントロールするために、自己嫌悪を利用するのです――それは効かないのですが。また、私は自分が失敗をしたと思ったときには、自分自身に愛想がつきることがあります。それから、自分が物忘れをしたときには、本当に自分自身を苦しめます〉

――そうです、そうです。あなたが自分自身に加えている暴力を感じてください。そして、あなたが妻を存在しないだれか、つまり、いわゆる「理想の妻」というものと比較することによって、あなたが自分自身に引き起こしている痛みを見てみてください。「理想の妻」なんて、どんな結婚においても存在し得ないのです。これでは、自分自身を愛しているということにはなりませんね。それに、あなたはすでに、それが彼女を愛していることにもならないと知っています。そして、すべてはその瞬間だけのことなのですよ。永遠ではないのです。私たちの条件つきの愛も、無条件の愛も、永遠に続くわけではないのです。変わりつづけるのです。「愛している」「愛していない」「愛している」「愛している」「愛していない」と。そして、愛していないときには、邪魔をしているのはあなた自身なのです。彼女ではなく。これは信じてよいことです。ですから、座って、問い直し、あなたの答えと、やさしく純真な自分自身に正直に向き合ってください。あなたに不幸を引き起こしているのは、状況とか人間といった、外部の何かではありません。その状況や人に対してのあなたの問い直されていない考えだけなのです。それには何の例外もありません。

❖彼に私を理解してもらう必要がある

〈夫に私を理解してもらう必要があると思っています〉

——「彼にあなたを理解してもらう必要がある」——それは本当ですか？

〈はい〉

——それが、本当にあなたが必要としていることですか？　それがあなたにとっていちばん良いことだと、絶対に言いきれますか。

〈ええと、結局は……できないと思います〉

——たった今あなたにとって何が最も良いか、だれにわかるのでしょうか？　花は咲くべき時よりも前に咲きますか？　それは不可能ですよね。私たちは花の世話をし、太陽と、水を与えます。すると花は咲く時に咲くのです。ちょうど咲くべき時に。あなたは彼に理解してもらう必要があるという考えを信じているのに、彼が理解してくれないというとき、彼に対してどういう態度をとりますか？

〈私は本当に腹が立って取り乱します。引きこもって、彼に対して評価を下します〉

――そうですね。その考えを信じると、あなたは**彼**を理解できなくなるのです！　ですから、実はあなたが無理解の先生なのです。彼に理解してもらう必要があるという考えがなければ、あなたはどういう人になりますか？

〈彼と一緒にいて幸せだろうと思います〉

――そうですね。あなたは彼を理解するでしょうね。あなたは理解の良いお手本になりますね。あなたが彼にそうなってほしいような。だれかに愛してほしいと思ったり、認めてもらいたいと思ったり、評価してほしいと思ったりしていて、相手を理解することなんてできるのでしょうか。それは相手に対してやさしくないし、自分に対してもやさしくないのです。私はそれよりも自由でいたいです。私はその自由の中で何が起こるかを見るほうが好きです。ただ彼と一緒にいて、その瞬間の彼のあるがままの姿を受け入れて。すると何を学べるか、だれにわかるでしょうか。理解してくれる人を愛さず評価しない人がいるでしょうか。「彼に私を理解してもらう必要がある」――ひっくり返しましょう。

〈私は彼を理解する必要がある〉

――そうです。あなたは彼が理解していないということを理解する必要があります。あなたは、頭の中で、彼に人生を返してあげればよいのです。そうすれば、彼はそれを感じるでしょう。彼がそれを感じれば、それはまたあなたに戻ってきます。「夫は私を理解する必要がある」という考えを信じているのに、現実には彼は理解してくれないという状況は、まさに不幸になるための秘訣ですね。あなたが自分を理解してもらうためにあらゆることをしても、彼は自分が理解できることを理解するだけで終わってしまうでしょう。

❖彼女は僕と別れるべきではない

〈彼女が僕と別れるかもしれないので悲しい〉

――「彼女はあなたと別れるべきではない」――それが本当だと、絶対に言いきれますか？　彼女があなたと別れるとすると、それはあなたにとって最善の結果にはつながらないと、彼女がいなければあなたの人生は良くならないと、絶対に言いきれますか？

〈いいえ、絶対に言いきることはできません。想像するのは難しいですが〉

――そして、あなたが「彼女は僕と別れるべきではない」という考えを信じているのに彼女が別れたがっているとしたら、あなたはどうなりますか？

〈不安。みじめ〉

――置いてきぼりにされる気持ちですか。彼女があなたと別れるかもしれないということを信じると、どうなりますか？　あなたは不安でみじめな気持ちになると、彼女にどういうふうな態度をとりますか？

〈彼女にしがみついて、すねます。彼女をずっと見張ります。まさに、彼女が別れたくなるようなことをしてしまうんです〉

――そうです。あなたには自分の純真さが見えてきましたか。どうすれば自分の純真さが見えるかがわかっていれば、私たちは皆変われるでしょうね。そして、それがわからないので、エゴが幅をきかせるようになるのです。そして、うまくいかなくなります。自分自身に対する詐欺行為なのですから。誠実さだけが成功します。あなたは「本物」であろうとして、彼女とどういうふうに暮らしてきましたか？　微笑みたくないときに微笑みますか？　本当はノーと言いたいときにイエスと言いますか？

〈与えるものが何もないと思うときにも与えます〉

――そうです、それが、この考えを信じたときのあなたの反応なのです。あなたには人生がありません。彼女に認めてもらうための努力で自分自身を失ってしまうのです。人は人に愛着を覚えるのではありません。人は自分の考えに愛着を覚えるのです。彼女はあなたと別れるべきではないという考えがなければ、あなたはどんな人になりますか？

〈ずっと落ち着くでしょう。そんなに心配しないと思います〉

——「彼女が僕と別れるかもしれないので悲しい」——ひっくり返しましょう。

〈僕が自分自身と別れるかもしれないので悲しい〉

——あなたの気持ちが、自分のやるべきことを離れて彼女のやるべきことに入り込んでしまうとき、つまり、あなたの気持ちが「彼女は僕と別れるだろう」というところに行ってしまうとき、あなたは自分と別れてしまっているのです。あなたがだれと暮らすかということは、だれが決めるべきことですか？

〈僕です〉

——そして、彼女がだれと暮らすかということは、だれが決めるべきことですか？

〈彼女です〉

——そうですね。パートナーは自分と別れるべきではないという考えを信じることは、「僕と一緒にいたくなくても、一緒にいてほしい。君にとって何がいちばん良いかはどうでもよい。ところで、君を愛しているよ」と言っているようなものです。それは私には愛のようには感じられませんね。彼女はあなたと一緒にいたいと思うべきだという信念がなければ、あなたと別れるという彼女の計画に完全に一緒に参加することができますね。

〈それはとても難しい感じがします〉

――それは本当ですか？　彼女はあなたと別れるべきでないという考えがなければ、あなたはどんな人になりますか？　本当にそれを感じられるか、やってみましょう。

〈彼女は僕と別れるべきでないという考えにがんじがらめにされなければ、実は安心すると思います。人生の中に、もっと呼吸をするスペースができると思います。いろいろな可能性に心を開けると思います〉

――そして、「彼女は僕と別れるべきでない」という考えをもたずに彼女を見ると、あなたはどんな人になりますか？。

〈彼女が幸せなら僕も本当に幸せになるだろうなということがわかります。彼女は、別れたければ別れるべきです。僕は大丈夫です〉

――そうです、そうです。ほかのひっくり返しを見つけられますか？

〈僕が彼女と別れるかもしれないので悲しい。彼女は僕と別れるべきではないと考えるとき、僕の気持ちは確かに彼女と別れています〉

――彼女はあなたの思いどおりの人生以外を生きるべきではないと考えるとき、あなたは彼女と別れているのですね。本当の彼女と別れて、その代わりに、あなたといつ別れるかわからない怖い女性と一緒に住んでいるのですね。別のひっくり返しもあります——見つけられますか？

〈うーん……彼女が僕と別れるかもしれないので幸せだ？　それですら本当かもしれない〉

——なぜなら、そうすればあなたは自分自身を発見できるからですね。あなたは彼女ではなく、自分自身と自分自身の考えに焦点を当てられますね。それこそが、あなたの悩みをすべて引き起こしているのですから。

〈今まで、自分が一人になると考えると、いつも、悲しみとパニックに陥っていました〉

——自分の考えを調べて、何が本当かに気づくと、私たちは二度と寂しくならないのですよ。パートナーがいてもいなくても。

良い関係をもつには、明快な人が一人いれば十分である。

❖私は愛されない

〈ほかの人はかわいくて思いやりがあったり、おもしろかったり、勇気があって強かったりします。私は違います。私は愛されません。それで、私は絶望的に不幸なのです〉

――あなた、本当のことを知りたいですか？

〈はい〉

――「私は愛されない」――それは本当ですか？

〈私はそう思います。今までだれも私を本当に愛したことがありません。実の母親でさえも。母は小さい頃に一度も抱きしめてくれたことがないし、いつも私に怒鳴って、急いで仕事に出かけて行きました〉

――あなたのお母さんはいつも急いで仕事に出かけて行った、それはお母さんがあなたを愛していなかったということなのですか？　それは本当ですか？

〈母は疲れすぎて、私たちを抱きしめたり話をしたりできなかったのかもしれません。それはわかります。母は

私と弟を一人で育てなければならなかったのですから〉

——それは愛ではないのですか？

〈愛かもしれません〉

——「私は愛されない」——それが本当だと、絶対に言いきれますか？

〈いいえ、絶対に言いきることはできません。それでもそう感じるのです〉

——もちろんそう感じるでしょう。その考えを信じているのですから。だからその考えを問い直しているのですよ。痛みというのは、最初のうちは、前進するための大きな動機のように思えるものです。でもやがて、痛みは必要がないということがわかってくるでしょう。本当であるかどうかもわかっていない考えを信じると、あなたはどういうふうに反応しますか？

〈重いですね。自発性がまったくなくなります。寂しくて、手に入らないものを切望します。ほかのことはどうでもよいように思えるので、ほとんど家にいて、テレビを見て空腹でないときにも食べることによって、その考えから逃れようとしています〉

——「私は愛されない」という考えがなければ、あなたはどんな人になりますか？

〈ああ、ずっと軽くなるでしょう。私は、落ち葉と日の光をただ楽しみながら道を歩く自分が見えるようです。知っている人たちのことをはるかに親しく感じるでしょうし、興味をもつでしょう——なぜ皆私を愛してくれないのか、ということに興味をもつのではなく。私は一人で休暇をとって楽しむかもしれません。あるいは、だれかに一緒に行こうと誘うかもしれません。それでも楽しいでしょう〉

——ひっくり返しましょう。

〈他人は愛されない。ええ、私は自分が愛されないと信じると、悲しみと怒りで一杯になってしまって、他人のことは愛せなくなります〉

——別のひっくり返しは見つかりますか？

〈私は愛される〉

——そちらのほうが本当だということがわかりますか？

〈難しいですね。本当にわかりたいけれども、難しいです〉

——あなたが愛されるという理由を三つ見つけてください。

〈うーん。それは本当に難しいですね……。いいでしょう、一つあります。私の微笑みは良いと思います〉

――よくできましたね。それはとても良い発見ですよ。

〈それから、私は良い姉です。私はいつも弟のためになってきました〉

――それで二つですね。もう一つ見つかりますか？

〈うーん。ほかには何も思いつきませんね〉

――あなたが今日やったことで、愛すべきだと思ったことを一つ見つけてください。

〈ええと、私はリスにえさをやりました〉

――そうです。あなたは親切でしたね。これで三つです。事実は何かというと、あなたは愛すべき人間だということです。あなたがそれを気に入るとしても気に入らないとしても。あなたにはどうすることもできないのです。

❖ 彼女はそんなに苦しむべきではない

〈彼女はそんなに苦しむべきではないと思います〉

――それは本当ですか？

〈はい。私はそんな彼女を見るのがいやです〉

――それが本当だと、絶対に言いきれますか。**あなたの**意見が正しいのだったら、神を必要とする人はいるのでしょうか？

〈絶対にそうだと言うことはできないと思います〉

――そうです、あなたにはできないのですよ。それを理解することから、あなたの自由が始まるのです。彼女の苦しみは**彼女の**問題です。彼女がそんなに苦しむべきではないということを信じているのに、自分には何もできないというときに、あなたはどういうふうに反応しますか？

〈とても苦しいです〉

――そうです。あなたは自分の苦しみを彼女の苦しみに上乗せし、今、苦しむ人は二人になったのです。そして、それは彼女にとって何の助けにもなりません。この信念がなければ、あなたはどんな人になるでしょうか？

〈ただ彼女のためになりたいと思えるようになるでしょう〉

――そうです、そして、彼女と一緒にいることがもっと楽になるでしょう。彼女の苦しみに加えて自分が苦しんでいなければ、もっと彼女の役に立つことができるでしょう。もっと完全に、彼女の話が聞けるようになるでしょう。

❖両親は僕を愛して評価すべきだ

〈両親は息子を愛して評価すべきだ〉

――「両親は息子を愛して評価すべきだ」――それは本当ですか？

〈はい、ものすごく本当です！〉

――それは良い答えですね。あなたはそれが本当だと、絶対に言いきれますか？

〈はい！〉

――まあ、それでは私たちは自分の人生を生きるのをやめて、あなたを愛して評価しなければならないのでしょうか。私はそう思いませんね！　それはばかげた考えですよ。だって現実に議論を吹っかけているのですからね。親が子どもを愛したり評価したりすべきではないということは、どうすればわかりますか。愛したり評価したりしないことがあるからです――時々はね。あなたがそれほど怒っているのも無理はありませんね。両親があなたを愛したり評価したりすべきだという考えを信じているのに、実際はそうではない、というときに、あなたはどういうふうに反応しますか？

〈一生の苦しみです〉

――そうですね、とても苦しい考えですね。その考えは、子ども時代の拷問のおもちゃであって、今は片づけることができるのですよ。真実があなたを自由にするでしょう。あなたが真実に向き合うのであればね。あなたが二度とその考えをもてないとしたら――あなたにそう考える能力がないとしたら、どんなにがんばっても、どうしても頭に浮かんでこないとしたら、あなたはどんな人になりますか？

〈僕は自由になって心が安らぐでしょうね〉

――それでは、「両親は息子を愛して評価すべきだ」――あなたはそれが本当だと、絶対に言いきることができますか？　心の中に入って、答えを聞いてください。

〈僕の心の中には、それはそうあるべきだと言う強い声があります〉

――もちろんそうでしょう。あなたは今までその声に、クッキー・モンスターのように餌をやってきたのですから。そして、あなたは妻や子どもたち、あなたとつきあう人たちだれにでもその考えを伝えて、それが本当だと賛成させてきたのです。あなたは皆に対して、あなたを高く評価して、あなたがどれほどの被害者であるかを理解するように求めてきました。そしてついには皆それに愛想を尽かしてしまいます。結果として、あなたが両親について信じていることが、世界中どこへ行っても、あなたの人生の間ずっと、確認されるだけなのです。ですから心の中に入ってください、あなた自身の真実だけがあなたを自由にするのですから。私たちの真実ではないのです。正しい答えも間違った答えもありません。そして自分の真実に至るまでは、あなたは自分が考えていることを信じつづけるだけなのです。いつでも幸せで自由でいることは恐ろしいことですよね。あなたが幸せでいたら、あなたはどうやって私たちとつながりをもち、私たちを操作し、被害者でいられますか？　あなたは、その信念をもつのをやめたら、自分の人生全体を失うことになると思っているのです。どうやって生きたらよいかもわからなくなるでしょう。「両親は息子を愛して評価すべきだ」――それが本当だと、絶対に言いきれますか？　あなたの両親はあなたを愛して評価**しました**か？　あなたによると、しなかったのですね。では、両親があなたを愛したり評価したりすべきではなかったということが、どうすればわかりますか？　それは、両親はあなたを愛したり評価したりしなかったからです。それが現実なのです！

〈はあ。そんなに単純なのですか〉

——私はあなたがたった今答えを手にしたと思いますね。「両親は息子を愛して評価すべきだ」——ひっくり返して。

〈僕は自分自身を愛して評価すべきだ〉

——そうです！　ほかにはだれもいないのですよ。なぜかというと、あなたによれば、あなたの両親はやってくれなかったのですからね。あなたしか残っていないのですよ。

エゴにとっては、愛とは合意以上の何ものでもない。私があなたに合意すれば、あなたは私を愛する。そして私があなたに合意しなくなった瞬間、私があなたの神聖な信念を問い直した瞬間、私はあなたの敵になる。あなたは頭の中で私と離婚するのだ。それからあなたは自分が正しいというあらゆる理由を探しはじめ、自分の外側に焦点を当てつづける。外側に焦点を当てて、自分の問題が、自分がその瞬間に信じているストーリーにしがみつくことによって引き起こされたのではなく、だれか別の人によって引き起こされたと信じると、あなたは自分自身の被害者になり、状況は絶望的に見えるのだ。

❖私は彼の最愛の人であるべきだ

〈夫がほかの女性を捨てて私を最愛の人として選ばなかったので夫に腹を立てています〉

――「夫が彼女たちを捨てていれば、あなたの人生はずっと良くなっていた」――それは本当ですか？

〈ええと、良くなっていただろうということは私にはかなりはっきりとしています〉

――そしてあなたは良くなっていただろうと絶対に言いきれますか？

〈いいえ〉

――彼がほかの女性を捨てるべきだという考えを信じると、あなたはどういうふうになりますか。

〈彼を密かに傷つけようとします。妻以外の女性とつき合わないように彼を説得しようとします。いつも嫉妬します。彼女たちのことと、彼女たちと一緒にいる夫のことをいつも考えます。常に彼女たちと自分を比較します。私はこの人よりもきれいだろうか。私はあの人よりも頭が良いだろうか、と〉

――それはとても苦しい生き方ですね。あなたが愛している男性を操作しようとするのは苦痛ですね。そして、彼が愛している人たちをどうやって始末しようかと企んだり、自分がその女性たちと同じくらい良いかどうかを考えたりしながら時間を過ごすのは苦痛ですね。彼がだれと寝るかは、だれが決めるべきことですか？

〈その質問は嫌いです〉

――あなたは必死になって痛みにしがみついているので、その質問が嫌いなのです。あなたは「私が正しくて彼が間違っている。私は良い人間で彼が悪者だ」という考えにしがみついているのです。あなたは正しいのと自由であるのとどちらがよいですか？

〈私は自由になりたいです。本当にそう思います。このみじめさはもうたくさんです〉

――それでは、彼がだれと寝るかというのは、だれが決めるべきですか？

〈それは彼が決めるべきことです。わかっています。それは彼が決めるべきことで、私ではありません〉

――そして、あなたがだれと寝るかはだれが決めるべきことですか？

〈それは私です〉

――「彼は私とだけ寝るべきだ」――それは本当ですか？　現実はどうでしょうか？　違いますね。彼はほかの女性と寝ています。それが現実です。道徳とも一致しないし、社会が私たちに教えることとも一致しない。あるがままの現実なのです。彼はあなたとだけ寝るべきだというのは、真っ赤な嘘なのです。彼はほかの人と寝ているのですから。彼はほかの女性と寝るべきではないという考えを信じると、あなたの内面では何が起こりますか？

〈私は彼が嫌いになります〉

――そしてあなたの心の中はどんな感じですか？

〈最悪です。私はただ死にたいと思います〉

――そして、彼があなたに貞節であるべきだという考えを信じると、あなたは彼にどういうふうな態度をとりますか？

〈私は彼に激怒します。彼から離れます。心を閉ざします〉

――それはとても苦しいですか？

〈ひどいものです〉

――あなたが痛みと寂しさを感じる理由は、あなたの気持ちが彼のやるべきことに入り込んでいるからです。そしてあなたのもとに残る人はだれもいないのです。**もちろん、**あなたは寂しいですよね！　彼女は彼のところにいて、あなたは彼のところにいて、皆が彼のところにいて、そしてあなたのもとにいる人はいないのです。あなたは彼があなたと一緒にいるべきだと思いますが、**あなた**ですら、それができないのです。彼はあなたから離れ、あなたもあなたから離れ――、いったいどこが違うのでしょうか。あなたのもとにいるためには、自分の考えを問い直すことです。「彼はほかの女性と寝るべきではない」――それは本当ですか？　「彼が彼女でなく私と一緒にいてくれたら、ずっとよいだろう」――それが本当だと、絶対に言いきれますか？　あなたのみじめさは彼の責任ではありません。あなたに責任があるのです。「彼は私とだけ寝るべきだ」という、現実と争うこの考えをやめたほうがよい理由がわかりますか？

〈はい。私は苦しむのがいやだからです〉

――私たちは同じ試練を受けて来たようですね。それから、その考えをやめようとしないでください。考えをやめることはだれにもできないのです。その考えをやめたほうがよい理由がわかっているだけなのです。その考えを信じるべき理由で、苦しくないものが何かありますか？

〈いいえ〉

――その考えがなければ、あなたはどんな人になりますか？

〈彼がそんなに嫌いにはならないでしょう。たぶんそれほど裏切られた感じがしないと思います。彼に対してまた心を開けるかどうかわかりませんが、少なくとも、もう少しは彼を理解するようになるでしょう〉

――開かれた頭は開かれた心ですよ。彼に対するあなたの考えを信じなければあなたがどう感じてあなたが彼をどう扱うか、だれにわかるでしょうか。彼はほかの女性との関係を清算すべきだという考えを信じなければ、彼と一緒のときに、あなたはどんな人になるでしょうか。あなたの目を閉じて、ほかの女性と一緒の彼を思い描き、彼はあなたを選ぶべきだという信念ぬきに彼の顔を見てみてください。見えますか？

〈はい。彼はきれいな顔をしています。幸せそうです〉

――それが無条件の愛ですね。それが、本当のあなたです。では、ひっくり返しましょう。

〈私が自分を最愛の人として選ばなかったので私に腹を立てている。私はあの女性たち皆を頭の中にずっと引きずってきました〉

――もう一度ひっくり返してください。

〈私は彼を最愛の人として選んだので自分に腹を立てている。これは筋が通るわ〉

――そうですね、あなたが夫には妻以外の女性とつきあわないでほしいのなら、「ねえあなた、私はあるがままのあなたを愛しているわ。あなたが一〇人の女性を好きだということも愛しているわ。あなたには自分が求めるものを持ってほしいと思うし、私はあなたと別れる必要があるわ。私は夫は妻以外の女性とつきあうべきではないと思うし、パートナーも同じ考えの人がいいの」と言ったらよいのです。それは、彼を最愛の人、あなたの愛する人として選ぶことであり、変わっていませんから。ただ、今あなたは彼と一緒に暮らさないということなのです。でも、あなたが彼と一緒に暮らすにしろ暮らさないにしろ、あなたは心を閉ざす必要は決してありません。そして、次にあなたの目の前に現れた人が、あなたの最愛の人だと気づくかもしれません。その人にあるがままの本人以外の何者にもなってもらう必要がないということに気づくかもしれません。無条件の愛は、かたちを指示する必要がないのです。

❖私の愛人は私とセックスをすべきだ

〈私は愛人にセックスをしてほしい。してくれないと愛されていないと感じます〉

――あなたはセックスから何を求めているのですか?

〈オーガズムと結びつきです〉

――それらを一つずつ見てみましょう。「あなたは彼女にオーガズムを与えてもらいたい」――それは本当ですか？

〈はい〉

――オーガズムというのはエクスタシーを得るものですよね。あなたは自分のエクスタシーの責任を彼女に求めており、あなた自身には責任がないというわけですね。「あなたは彼女にオーガズムを与えてもらいたい」――それは本当に本当ですか？

〈たぶん違うでしょう。そういうふうに考えてみれば〉

――真実を知るのは良いことですね。オーガズムを求めることが、あなたをオーガズムから遠ざけてしまうのです。オーガズムを得るべきときには、得られるのです。オーガズムが本当にあなたの求めるものであれば、マスターベーションをしたほうがよいでしょうけれど、それではあなたにとって同じことにはならないということもわかっています。オーガズムを求め、そこで彼女に自分の役割を果たしてほしいと思うのは、あなたの頭なのです。その考えがなければ、求めるべきもの、必要なものが、どこにあるというのでしょうか。あなたが、完全に満足した状態でいるだけですよね。そしてそれはセックスのように見えるかもしれないし見えないかもしれない。あなたがセックスに求めるもう一つのものは何でしたっけ。

〈結びつき。私は彼女と結びつきたい〉

――あなたは彼女と**結びつかない**ことはできませんよ！　見たところ、二つの別々の身体と二つの別々の心があるから、あなたはそんなふうに思うのです。でも、私たちをお互いから切りはなしてしまうストレスフルな考えがなければ、一つの心があるだけです。身体は結びつくことができません。あなたは自分の気持ちと結びつくことができるだけです。そして、それは彼女の気持ちも私たちすべての気持ちも含むのです。結びつきというのは、あなたの内側からしかできません。あなたは彼女と結びつくことはできません。やってみても無駄です。なぜならあなたはすでに結びついているのですから。あなたにできることは、自分自身と結びつき、それがあなたと彼女をどう結びつけるかがわかるようになることだけです。さて、あなたの文章をひっくり返してみましょう。

〈私は自分にオーガズムを与えてもらいたい〉

――それはいつも起こっていることですね。

〈私は自分自身と結びつきたい〉

――いつも結局はあなたのところに戻ってきますね。セックスが足りないとあなたが思っている限り、彼女がセックスをしなければ、あなたはあなたたちの結びつきを切ってしまうのです。私たちがセックスを好きな一つの理由は、本当にセックスに夢中になっていると、「頭の外に出る」からなのです。考えと考えの間のスペースに入るのです。でも、苦しい考えから逃れたりパートナーと結びついたりするための方法としてセックスを利用するのであれば、結局は、セックスをしている間でさえも考えるようになり、すぐに時計を見るようになります。彼はいつ終わるだろうか、と。そして、素晴らしいセックスでさえも、もはやそれほど素晴らしくなくなってしまうでしょう。ついには、すべての絆創膏が効かなくなり、私たちの苦しい考えがにじみ出てきます。真実だけが私たちを自由にしてくれます。真実だけが苦しみを止めてくれます。そして、私たちが本当に親しくなれるのは真実だけなのです。彼女が今度セックスをしてくれないときに苦しみを感じたら、あなたの考えを問い直してください。たぶん、セックスの代わりにあなたは愛を発見するでしょう。

❖彼がいなければ生きていけない

〈彼がいなければ生きていけない〉

――自分には彼以外の人生がない、彼なしの自分はない、という考えを信じたとき、あなたはどういうふうになりますか？

〈彼を失わないために、あらゆることをやろうという気持ちになります〉

――いいえ、彼を失うということは、不可能ですよ。そもそも、どうやってだれかを「手に入れる」ことができるのですか。彼が問題なのではありません。彼を失うかどうかは決して問題になりませんよ。あなたは、彼なしには生きていけないと信じていて、あなたはその信念を本当のものにするために、あらゆることをやっているのです。あなたは自分の人生と闘っているのに、彼のために闘っていると言っているのです。だから、人は銃で恋人を殺すのですよ。「私の人生がなくなってしまうのなら、彼にも人生を送らせない。そして彼女も」こういう人たちは、殺人は正当化されると信じています。なぜなら、恋人なしには、自分の人生はないと思っているからです。「彼は私の人生を奪ってしまった。だから、彼の人生を私が奪うのも正しいことだ」それは、地獄を作りだす考えです。「彼がいなければ生きていけない」――それを信じなければ、あなたはどんな人になりますか？　これを考えるのは、かなり怖いでしょうね。あなたは今までの人生の間、ずっと間違っていたということを意味するのですから。天国へようこそ。ここから天国が始まるのですよ。「私は間違っています。私は今まで混乱していました」と言える謙虚さからね。「彼がいなければ生きていけない」――それは本当ですか？

〈いいえ。私はただ、それを考えてみるのが怖かったのだと思います〉

――あなたは自分自身の恐れを見ないですむようにと、彼を利用しているのです。「私は彼だけに集中して、彼をつかまえておこう。そのために必要なことは何でもしよう。高すぎる値段というものはない」ひっくり返しましょう。「彼と一**緒だと**私は生きていけない。私には何もない」それが、あなたの今までの生き方ですね。彼がいなければ自分には何もないと思うのであれば、彼がいても自分には何もないと考えなければならないですね。あなたは、彼の完全な召使のふりをしてそれを嫌っている女性なのです。

〈そして彼の人生をじゃましているのです〉

――いつでもね。それは愛ではないですね。

〈私は彼の人生をじゃましたくありません〉

――そうです、そうです。そしてそれもひっくり返してください。

〈私は**自分の**人生をじゃましたくありません〉

――そうです。あなたが彼に対してやったことは、またあなたのところに戻ってきます。なぜならあなたが彼に対してやっていることは、あなた自身に対してやっていることだからなのです。あなたが自分自身を好きでなければ、なぜ彼があなたを好きになれるのですか。あなたが自分と一緒にいたくなければ、どうして彼にあなたと一緒にいたいと思ってほしいと考えられるのでしょう。あなたには何もないと思うのであれば、それを私たちは鏡のように反射して、あなたには何もないということをあなたに返すのです。すべては、あなたが作ったストーリーなのですよ。

自分を天国から追い出すことができるのは自分だけだ。あなたがアダムであって、自分を完成させるためにイブを頼っているのであれば、あなたは自分を天国から追い出してしまったのだ。あなたはただ、自分を愛すること、つまり、彼女を自分以外の存在だと思わずに愛すること、とい

う自分自身の本性だけを経験することができたのに。でも、あなたが彼女から何かを求めるのであれば、彼女に愛してもらったり認めてもらったりする必要があると思うのであれば、あなたは苦しむ。私が自分を完成させるためにあなたを利用できるとしたらそれはただ一つ、あなたについて何かを決めつけたときに、それを問い直し、ひっくり返すことだけ。

父はあんなに消極的であるべきではない

〈母が父に夕食には何を食べたいかと聞くときに父がとても消極的なのでいやです。父は「君が作るものなら何でもいいよ」とか「わからないから、君が決めてよ」というようなことを言います。私はそれが嫌いなんです〉

——お父さんは聖者のように聞こえますけどね。

〈だれが聖者のようですって？〉

——お父さんですよ。お父さんはお母さんに任せているのでしょう。それはやさしくて思いやりがあるように聞こえますけれど。

〈でも、母は父が自分の好物を言わないと、とてもがっかりするんです〉

——それは、お母さんが、お父さんは好物があるべきだと思っているからです。お父さんはたぶんお母さんに本当のことを言っているのでしょう。私がお母さんだったら、お父さんの言うことを信じて、毎日、自分の好きなものばかり作るでしょうね。それまでは、お父さんがそれを気に入らなかったら、お父さんはそう言うでしょうし、私にもわかるでしょう。そしてそれまでは、食事の時間が来るたびに楽しむでしょうし、自分が一緒に暮らしている人のことが大好きだと思いますよ。お父さんがお母さんに与えている選択肢を見てください。お母さんには好物があるから、お父さんにも好物があるはずだと思っているのかもしれません。そして、あなたはお父さんが作り話をすべきだと思っているんです。あなたは自分に、「お母さんを喜ばせるために、何か作り話をしようか」と言うのですか？

〈ええと、私は作り話をすることがあるし、それで母は喜びます〉

——結構ですよ。あなたの選択があなたにとって真実ならね。そして、あなたは自分の身を売ったわけですか。お父さんはそうでなかったのですね。お父さんは本当に好物がないのですよ。私はお父さんを信じますね。

〈わあ。なるほど。私は身売りをし、父はしなかった。私は母が求めるものを与えたのですね〉

——それはとてもやさしいですね。そして、それであなたは誠実でいられましたか？　あなたにとって、そうするのは正直なことでしたか？

〈私は母を喜ばせるためにやりました。母を喜ばせるためなら、何でもやりたいです〉

――わかりました。そして、お母さんからは何が欲しいのですか。あなたがやったことは、誠実でいられる範囲内だったかもしれない――だから尋ねているのです。それは何だったのでしょうか。こっちに進んでみましょう。お父さんがお母さんに言った答えは、お父さんにとっては断固とした答えではなかったと、言うことができますか？「君次第だよ。僕には好物がないよ」というのは、かなり断固とした答えに聞こえますが。

〈そういうふうに言われると、断固として聞こえますね。うーん〉

――「お父さんはお母さんが求めるものを与えるべきだ」――それは本当ですか？　それがお父さんにとって、そしてお母さんにとって、本当にいちばん良いことだと言えますか？

〈ええと、作り話をして、母の不満をやめさせたほうが、時間がかからなかったと思います〉

――おもしろいですね。「お母さんをなだめるためにお父さんが何かを提案したほうが、どちらにとってもよかっただろう」――それが本当だと、絶対に言いきれますか？

〈それをやるのが自分にふりかかってこなければ、よかったと思います〉

——そして、お父さんがあなたのために変わらなければならないという考えを信じると、あなたはどうなりますか？　正しいのはあなたでしたか？　あなたは二人のうちの良い役でしたか？　あなたはお父さんがやるべきことのお手本でしたか？　あなたはほかに何を手に入れましたか？

〈父を嫉妬させ、怒らせました〉

——お母さんをなだめ、正しいほうの役をやって、お父さんが良い夫であればやっているべきだとあなたが思うことを代わりにやることで、ほかにあなたが得たものは何ですか？　十分に得られましたか？

〈いいえ、でも私と母との関係は続いています。父は出て行きませんでした〉

——家族はバラバラにならなかったと言うことはできますが、心の中では常にそう感じられるわけではないですね。時々、とてもバラバラに感じることがありますね。

〈父は私に嫉妬して、怒って、虐待します〉

—ひっくり返して。

〈私は父に嫉妬して、怒って、虐待します〉

――当たっていますか？　そして、そのように暮らすのはどんな感じがしますか？　特にあなたの頭の中では？

〈とてもいやな感じです〉

――「父は私がやっているように母に従うべきだ。父は私がやっているように母のために自分の幸せを犠牲にすべきだ」それは混乱していますよ。そして、この世界で、混乱だけが苦しみなのですよ。あなたの考えを問い直して、少しはっきりさせていくと、お父さんを見ることができるようになり、本当のお父さんを評価できるようになります。お父さんはあなたがやったことは何もやっていない。そしてお母さんは今でもお父さんと一緒にいる、お母さんはお父さんと別れていないのです。あなたが理解していないだけのとても甘い関係があるのかもしれませんよ。もしかすると。

人が、あるがまま以外のものであるべきだと考えるのは、あそこの木が空であるべきだと言っているのと似ている。私はそれを研究して、自由を見つけた。

❖私はうんと認めてもらいたい

〈私はうんと認めてもらいたいのです〉

――それは本当ですか？　それはあなたが本当に求めているものですか？

〈認めてもらうことはとても気持ちが良いと思います〉

――絶望的ですね！　人は忙しすぎてあなたを認めることもできないし、忙しすぎてあなたに認めてもらおうとすることもできないのです。それで、あなたは人に認めてもらったら、どうするつもりなのですか？

〈わかりません〉

――人に認めてもらおうとしつづけると、どんな気持ちがしますか。認めてもらおうとすることが、あなたのいちばんの仕事になるのではないですか？

〈そうです。あまり気分が良くないですね〉

――そして、あなたは人に認めてもらおうとしているのに、人は認めてくれない、というときに、あなたはどうしますか？　あなたはものすごい投資をして、人に認めてもらうために人生を犠牲にしてきたのに、だれも認めてくれないというとき、人に対してどんな態度をとるのでしょうか。

〈あまりいい態度はとらないでしょうね〉

――「人はあなたを認めるべきだ」――ひっくり返して。

〈私は自分を認めるべきだ〉

――そうです、だってあなたしか残っていないのですから！　人があなたに何かを求めて、あなたがそれを与えた場合、人はあなたを認めますが、そうでない場合は認めません。それは単純なことです。人はあなたと同じなんです。「私は自分を認めるべきだ」というひっくり返しを見てみましょう。さあ、あなたが自分のことで認めていることを三つ教えてください。本当のことであれば、何でもいいですよ。

〈わかりました、ええと。私は人にお金を貸すときに、相手がすぐに返せないとか、まったく返せないということを理解してあげます。それで、恨みを引きずることはありません。二つめは、私は待ち合わせの時間を守ります。遅刻するのがいやなのです。もう一つ？　私は良い友人です〉

――よろしい。最初に言ったことは、あまり意味がなくなってきましたね。別のひっくり返しを見つけることはできますか？

〈人に認めてもらう必要はない〉

――私が人に認めてもらっているときは、私がそれを必要としているときだ、ということがいえます。人に認めてもらう必要があると、どうしてわかるのでしょうか？　認めてもらっているからです。人に認めてもらう必要がないということが、どうしてわかるのでしょうか。認めてもらっていないからです。そしてどちらの場合も、私とは何の関係もないのです。その人たちが認めているのは私についてのその人たちのストーリーです。大切なことは、自分が自分を認めるような生き方をしているだろうか、ということです。自分の考えを問い直すとき、私が一緒に生きているこの頭が好きです。頭は私を放っておいてくれるだけでなくて、あなたのことも放っておいてくれます。それはとても安らかなことで、私は大好きです。

「人に認めてもらおうと努力しなければ、認めてもらうことはできない」――それが真実だと、絶対に言いきれるだろうか。あなたは時々あたかも神のように振る舞うことがある。まるであなたが何かを起こす必要があるというふうに。私は、物事は私がいてもいなくても起こるということに気づいた。人は私を認めたり認めなかったりする。それは私とは何の関係もない。これは本当に良い情報だ。なぜなら、私は自分の幸せにだけ責任を取ればよいのだから。私の人生を、できるだけやさしく、知的に生きればそれでよいのだから。気づいていない人がいて、感謝してい

なくても、私は理解する。私が関わるのは私だけであって、一つの生涯にはそれで十分だから。

❖私に対する父の扱いはひどかった

〈私に対する父の扱いはひどく、私をずっとけなしつづけてきたので、悲しい。父は私を愛して評価すべきだったと思います。私を愛して自分のことや自分の苦しみを話してほしい。私は愛されることや認められることを二度と否定されたくありません〉

――「彼はずっとあなたをけなしつづけてきた」――それは本当ですか？

〈はい。そして、それは本当に辛いのです〉

――**ずっと**けなしてきたというのは本当ですか？　あらゆる瞬間に？

〈ええと、あらゆる瞬間にではありません〉

――お父さんが、あなたをけなさなかったときのことを思い出せますか？

〈父が朝食を食べているときとか新聞を読んでいるときとかのことですか〉

――そうです、そこから始めましょう。お父さんがやさしかったときのことを思い出せますか？

〈ほとんどありませんね〉

――一瞬だけでも思い出せますか？

〈ええと、一度私を動物園に連れて行ってくれました。あれはおもしろかったです〉

――では、「彼はずっとあなたをけなしつづけてきた」――それは本当ですか？

〈ほとんどずっと。ほとんどいつもだと思います〉

――単純にイエスかノーかで答えてください。それ以外のことでは頭は満足しません。何が本当かを知る必要があるのです。そうでなければ、頭は、自分が考えることを証明しようとして生きていくのです。休むこともなく。「彼はあなたをずっとけなしつづけてきた」――それは本当ですか？

〈いいえ〉

——そして、彼が自分をずっとけなしつづけてきたということを信じると、あなたはどうなりますか？

〈悲しくて、腹が立ちます。幸せな子ども時代を奪われたと思います。父に激怒することもあります〉

——その考えがなければ、あなたはどんな人になりますか？

〈ずっと軽くなるでしょう。あまり腹が立たないでしょう。動物園の日のようなときのことを、もっと思い出すことができるかもしれません〉

「彼はあなたをずっとけなしつづけてきた」——ひっくり返して。

〈父は私をずっとけなしつづけてきたわけではない〉

——そっちのほうが正しいですか？

〈はい〉

——私たちは子どもみたいなものですよね。自分の考えを文字通りに信じてしまうのです。別のひっくり返しを見つけられますか？

〈私はずっと自分をけなしつづけてきた。それは本当です。私は自分にずっと厳しくしてきました〉

——そうです、そうです。私たちはちょっと混乱していたのですよね。「父親は娘を評価すべきだ」——それは本当ですか？　どこの惑星の話ですか？　父親の中には、存在しない未来への恐れに囚われすぎて、自分の目の前に娘がいるということに気づくことができない人もいるのです。かわいい娘の幸せのことが心配で、娘を失ってしまうのです。

〈ええと、私は本当に、父は私を評価すべきだったと思います〉

——そして、現実はどうですか。お父さんは評価しましたか？

〈いいえ〉

——では、それが本当のことなのですよ、あなたの意見ではね。お父さんが評価してくれないこともありましたね。彼があなたを評価すべきだったと、絶対に言いきることができますか？　それが究極的にあなたにとっていちばん良いことだったと言うことができますか？

〈いいえ、それはわかりません〉

――では、「彼は私を評価すべきだった」――その考えに、どう反応しますか？

〈私は地面から足を離すことができないように感じます。そのくらいに、ひどく感じることがあるということなのです〉

――その考えがなければ、どんな人になりますか？

〈私はずっと気分がよくなると思います。軽くなると思います。そんなに重く感じないし、そんなに失望しないと思います〉

「彼は私を評価すべきだった」――ひっくり返して。

〈私は自分を評価すべきだった。それはたしかに本当のことです〉

――ほかのひっくり返しは見つかりますか？

〈私は彼を評価すべきだった。でもどうやって？　私は父の愛が欲しい小さな子どもにすぎなかったのに〉

――私たちはただ可能性を見ているだけですよ。ほかのひっくり返しは見つかりますか？

〈うーん〉

――「彼は私を評価すべきでは……」

〈彼は私を評価すべきではなかった?〉

――そうですよ。お父さんがあなたを評価しなかったのであなたの人生が良くなった理由を三つ挙げてください。

〈三つの理由? えーと。一つめは、私がとても自立した人間になったということです。私は自分のそこが好きです。二つめは、私は、自分の人生の中で、ほかの人のことについて意識するようになって、ほかの人を評価するようになったということです。まだ父のことは評価していませんが。三つめは、私は母と時間を過ごすことが多くなりました。その結果、私たちはとても親しいのです〉

――あなたのお父さんは、あなたをけなすために何と言いましたか?

〈「じゃまだ」とか「お前のやり方はだめだ」とか。そんなふうに、ずっと。いえいえ、多くの場合に〉

――そして同じことを経験しましたか?

〈どういう意味ですか?〉

――ひっくり返して、どう聞こえるか見てみましょう。「父はじゃまだ」――それは本当のことに聞こえますか？

〈はい、彼のことを考えると自分の人生にブレーキがかかってしまうときに〉

――ほかのひっくり返しで、もっと本当らしいものはありますか？

〈父がじゃまだと思うときには、私が自分をじゃましているのです。未だに父の愛を求めることで自分のじゃまをしているのです。それは本当です〉

――「お前のやり方はだめだ」のほうはどうですか？　どうやってひっくり返しますか？

〈父のやり方はだめです。父は良い父親ではありません〉

――あなたにとっては、ね。それはあとで問い直しましょう。

〈私は父のことを決めつけているのがわかります〉

――次の文章を見てみましょう。

〈私を愛して、父のことを話してほしい〉

――ひっくり返して。

〈私が自分を愛して、私のことを話してほしい〉

――それはお父さんがやるべきことではありませんね。そして、お父さんの興味のあることでもない。あなたの意見によれば。

〈実は、父はしばらく前に亡くなったのです〉

――本当ですか。お父さんは今日ここでもしっかり生きているような感じがしますね。あなたが小さな女の子だった時代に戻ってみましょう。いいですか。彼はあなたにじっくりと自分の話をすべきだった。あなたは尋ねましたか？

〈いいえ〉

――「父親は超能力者であるべきだ」――それは本当ですか？　あなたの話からは、あなたがお父さんのことを知りたがっているとか、お父さんの人生に興味をもっているということすら、お父さんは知りようがなかったのではないですか。小さな女の子は頼み方を知らないですからね。

〈そうです〉

——これからワークをすることで、あなたの人生は劇的に変わるかもしれませんよ。ですから、このワークはとても重要です。その小さな女の子がお父さんに自分の人生の話をしてもらいたいと思ったときから、その子は「あなたの人生の話をして」とただ頼むことを教えてくれる先生なのです。さあ、始めてみましょう。「父は自分の人生について私に話すべきだ」という考えを信じているのに、あなたはお父さんにそれを頼まず、彼は教えてくれない——さあ、どんな感じがしますか？

〈私は父のことを決めつけて、父はとても間違った人だというふうに思ってきました〉

——それで、その考えを信じたときには、あなたはどんなふうに生きてきましたか？

〈ええと、私は基本的に自分の人生から父を切りはなしました。父が私のところに来ることは本当にあり得ませんでした。だって私は、父は来ないだろうと頭の中で決めていたのですから〉

——そして、お父さんが亡くなる前からお父さんがいなかったのは、どういう感じがしましたか？

〈孤独でした。冷たかったです〉

――多くの人が死をそんなふうに描きますね。「父に自分の人生の話をしてほしい」という考えをやめたほうがよい理由がわかりますか？

〈はい。だって、それはただ苦しいだけですから。苦しい以外の何ものでもありません〉

――その考えがなければ、あなたはどんな人になりますか？

〈新鮮で、その瞬間瞬間を味わうことができるでしょう。そして、自分が求めるものを頼むということを、何度も何度もやってみるでしょう〉

――「父に自分の人生の話をしてほしい」――ひっくり返して。

〈私は自分の人生の話を自分にしたい〉

――それはまさに、あなたが今やっていることですね。私たちは、あなたの内面と、お父さんのもとで育ったあなたの人生と、あなたがどのようにお父さんを捨てたかということを見ています。お父さんはあなたを捨てなかったのですよ。まったく反対だったのです。あなたは頼まなかったのですから。

〈はい〉

――今から始められますよ。次の文章を見てみましょう。

〈父は私に対してひどい扱いをすべきではなかった。父は私に自分の痛みを話すべきだった〉

――それは本当ですか？

〈いいえ。今の私から見れば本当ではありません。父が私を扱ったとおりのやり方で私を扱うべきだったということがわかります。なぜなら彼はそうしたからです――それしか父にはできなかったんです。そして、父が私に話さなかったのだから、父は私に自分の痛みを話すべきではなかったのです〉

――ひっくり返しましょう。

〈私は父に対してひどい扱いをすべきではありませんでした。私は自分自身に父の痛みについて話すべきでした。そうです。それはきついけれど、本当に本当のことです。私は父にどういう態度をとったかがわかります。父が私に親しみを感じなかったのも無理はありません。父が私の言うことに賛成しなかったときや私が欲しいものをくれなかったときに、私は父を心から締め出してしまいました。私は父の顔に浮かんだ傷ついた表情をちらりと見ただけでした。私はまだ一〇歳くらいだったのです。私はとても冷たくて、何でも知っていると思っていました。父が自分の痛みについて私と話をしたくなかったのも無理はありません〉

――ほかのひっくり返しは見つけられますか？

〈私は自分自身に対してひどい扱いをすべきではなかった。私は自分自身に自分の痛みの話をすべきだった〉

――それはもとの文章以上に本当ですか？

〈はい。私は、自ら父を失ったことで、自分をどれだけ傷つけたかがわかります。私は、父と同じようにほかの男性のことも見てきました。そのことを思い出すと、とても気分が悪いです。あとどのくらい続くのですか？〉

――それほど長くありませんよ。あなたは今、ただ物事を整理しているだけなのです。自分自身に対してやさしくしてください。そして、続けましょう。

〈でも、私はものすごく独りよがりだったわ！〉

――あなたは小さな子どもだったのですよ。自分の信じることを信じているだけの。私たちは、自分が信じていることに従って、人生を生きるのです。考えというのは、問い直されるまではとても苦しい場合があります。そして、あなたは今問い直しをやっているのですよ。

〈はい〉

――今は、あなたの役割は何だったのかということを見ているだけなのです。あなたの痛みが生まれ、発見され、解消するのは、そこなのですから。

〈はい〉

――次の文を見てみましょう。

〈私は父に愛してもらう必要がある〉

――「お父さんはあなたを愛さなかった」――それは本当ですか？　あなたの人生で、それが本当だったことがありますか？

〈いいえ。今ならそれがわかります。私は大丈夫だったのです。大丈夫以上だったのです。父は私を愛していたのです〉

――「父は私を愛していなかった」という考えを信じると、どういうふうになりますか？　あなたは小さな子どもだったとき、どのように反応しましたか？

〈私は自分をすっかり小さくしてしまい、私がこの愛をすべて自分の中にもっているということに気づきませんでした。そして、自分に対する父の愛を見ることができませんでした。すごいです。私は今日、まったく初めて、それがわかります〉

――「父は私を愛していない」という考えなしに育ったら、あなたはどんな人になっていましたか？

〈ただ私になっていたでしょう。私は本当に自由になっていたと思います。父を愛するのがずっと簡単になったと思います〉

――たぶん、お父さんの愛を操作するという動機のために、お父さんのじゃまをすることもなかったでしょうね。ひっくり返しましょう。

〈私は自分を愛していない。そうです、そっちのほうがずっと正しいわ〉

――別のひっくり返しを見つけられますか？

〈父は私を愛している。はい、今ならわかります。泣きたくなります、良い意味で〉

――あなたが家でできることを教えましょう。座って目を閉じて、お父さんがあなたを愛していたところを思い浮かべるのです。思い出せるいちばん昔から、あなたがお父さんを見た最後まで。思い浮かぶだけすべて思い浮かべましょう。あなたのストーリーなしに、開かれた心で、ただお父さんを見るのです。数日間やってみてください。見ているうちに問題のある信念が浮かんできたら、それを書きだして、お父さんを心の中に戻してください。何らかの苦しみや、混乱や、不快さをお父さんに関して感じるのであれば、ただあなたの考えを調べてください。四つの質問をし、ひっくり返し、幸せに暮らしてください。これをやり抜けば、お父さんについての考えはいつでも甘いものになるでしょう。あなたは、自分がお父さんを心の底から愛していて、子どもとしてそれを表現できなかったのだということに気づきはじめるでしょう。私たちは、自分が父親に関して考えていることを信じると、皆、子どもになってしまうのです。あなたのお父さんは、あなたが求めるようなやり方ではあなたを愛していなかったけれども、それは、彼があなたを愛していなかったということを意味するのではありませんよ。**あなた**があなたをどうやって愛せるか、**あなた**がどうやってあなたの父親になるか——それが、今あなたが学んでいることなのです。いつでも、始められるのですよ。

❖ 前妻は私を許すべきだ

〈別れて一〇年たっても、彼女が私を許そうとしないので悲しい〉

——あなたが許すかどうかはだれが決めることですか？

〈私です〉

——彼女が許すかどうかは？

〈私ではありません〉

――あなたが気づいてくれて嬉しいですよ。だれを許すかは、彼女が決めることなのです。ひっくり返してください。

〈別れて一〇年たっても、私は自分自身を許そうとしない〉

――それは本当ですか？

〈はい〉

――ほかのひっくり返しもありますね。見つけられますか？

〈別れて一〇年たっても、私は彼女を許そうとしない〉

――その話をしてください。

〈どうやって始めたらよいかわからないんです〉

――それで、彼女のほうはあなたを許すべきなんですか？　あなたがどうやって始めるかがわかれば、まず**あなた**

が**彼女**を許し、それから彼女に許しの話をしに行ったらよいでしょう。理解してもらいたいときにあなたがどのように生きるかを見てください。とても苦しいですね。理解するのはあなたの仕事ですね。あなたのことを理解できるのはあなただけですよ。次の文章を見てみましょう。

〈彼女が心を開いて話をしようとしてほしい〉

——彼女が心を開くかどうか、また、彼女がだれと話したいかは、だれが決めることですか?

〈彼女です〉

——一〇年たっても、あなたはまだ彼女の考えを、タイミングを、悲しみを、そして存在そのものを、コントロールしようとしていているのがわかりますか。彼女がどれほど心を開くかということもコントロールしたいのです。あなたは彼女がだれと話すかもコントロールしたいのです。彼女の許しさえコントロールしたいのです。絶望的ですね。この考えがなければ、どんな人になりますか? 正直に、真実を生きて、許しや愛のために卑屈にならずに、ただ正直な、愛のある人。それがどんなものであろうと、彼女の現在を尊重する人。次の文章を見てみましょう。

〈私をそっとしておいてほしい〉

——彼女がだれをそっとしておくか、決めるのはだれでしょうか。あなたが彼女の要求にイエスと言ったとき、あなたはお返しに何を求めたのでしょうか。あなたは何を買おうとしたのですか。あなたは彼女に許してほしいと思った。息子さんに、あなたについて良いことを言ってほしいと思った。そして、あなたは彼女に正直に言いましたか？「これは取引だ。息子に私のことを良く言うのであれば、金を払おう。金をあげるから、その代わりに、私を許したふりをしてくれ」と言いましたか？

〈いいえ〉

——それでは、次に彼女と話すときには、それを言うとよいでしょう。それが誠実というものです。彼女が「いいえ、それはしないわ」と答えたら、彼女の誠実さに感謝して、彼女があなたの教師であること、彼女が買収されなかったことがどれほど素晴らしいかを教えてあげてください。そして、結局は、あなたは許しというのは自動的なものであることに気づくでしょう。それは、あなたが自分自身のストレスフルな考えを理解するやいなや、やってくるのです。自分の痛みは決して彼女のせいではないということがわかります。そして、**彼女**がそれをわからなければ、彼女は本当にあなたを許すことができないのです。それはあなたとは何の関係もない話です。

❖ 本当のことを言ったら彼女を失ってしまう

〈ほかの人に興味があるということを彼女に話したら、別れると脅されました。ですから、正直でいると彼女と

の関係が終わって一人になってしまうのではないかと思います。本当のことを話して彼女を失うのが怖いのです〉

――彼女を失うのではないかとか欲しいものが手に入らなくなるのではないかと恐れているのであれば、たしかにあなたは問題を抱えているということですね。本当のことを話したら彼女を失うという考えを信じると、どうなりますか?

〈怖いです。僕が本当に考えていることや彼女に伝えたいことを話さなくなります。僕は彼女に嘘をついて、ひどい気分になります。よそよそしい感じで、寂しくなります。自分に向かって、できそこないだと言います。引きこもって、正しいやり方ができない自分を痛めつけます〉

――本当のことを言ったら彼女を失うという信念がなければ、あなたはどんな人になりますか?

〈気分が良く、たぶんもっと自分に正直になるでしょう。たぶん、彼女に対してももっと正直になるでしょう〉

――何かを失うことを怖がっていなければ、正直になるのはとても簡単なことですね。最も単純なことです――そして、あなたが外から得られると思っている何よりも、満足できることなのです。あなたは、あるがままを愛する人になります。あなたは完璧な関係を求めなくなります。求める代わりに、見つけるのです――いつでも。私たちが求めているものは、まさに私たちの鼻先にあるのです。ですから、ひっくり返してみましょう。

〈嘘をついたら、彼女を失うだろう。嘘をついたら、自分自身を失うだろう。そのほうが本当ですね。嘘をつくと、自分自身と彼女をもっと傷つけてしまいます。本当のことを言えば、何かを失うことはないでしょう。正直になったあとには何も失わないということは経験ずみで、実は、得るもののほうが大きいものだということに気づいています〉

――私も一〇〇パーセントそれを経験していますね。次の文章を見てみましょう。

〈人に本当のことを言っても、傷つかず、失望せず、怒らないでほしい。僕は、正直でいることが親切なことではないと思うので正直にならないことがあります〉

――「自分の真実で、他人を傷つけたり失望させたりできる」――それは本当ですか？

〈そういうふうに見えます〉

――自分の真実を話すとだれかの気持ちを傷つけると本当に信じれば、私は言いません。私はやめます。人を傷つけるだろうという自分の考えを、そのまま見過ごしません。そうすると、私が傷つきますから。それが私自身のルールです。それがあなたの気持ちを傷つけるかどうかは私にはわからないのです。私がやめるのは、自分自身の気持ちのためなのです。私は自分の言うことに気をつけながら歩き回ったりしません。自分のために言うのをやめます。私は自分自身が天国にいられるか地獄に落ちるかということについて責任をもちます。一方、あなたが率直に私に真実を求めたら、そのときは話すでしょう。私は自分に見えるすべてのことを言います。

あなたが尋ねれば。私の答えがあなたを傷つけるか助けるかは、それを聞くあなたの姿勢で決まります。ですから、すべての人が、やりとりの中で、自分自身に責任をもっているのです。私が最も愛のある言い方をしても、だれかの気持ちが傷つくということはあるのです。私が言ったと**考えている**ことについて人が教えてくれるストーリーは、どうやってその人たちが自分自身の気持ちを傷つけているかを示しています。それ以外はあり得ないのです。私があなたに率直に質問したときに、本当のことを言ったら私が傷つくと考えて動揺するようだったら、あなたは自分自身のことも私のことも尊重していないのです。正直に答えないと、あなたの気持ちを不完全なままにしてしまいます。私があなたにまっすぐに尋ねたのですから、私はちゃんと対処できるということです。あなたは自分の言葉で他人を傷つけたり失望させたりできると断言できますか？

〈いいえ。それはわかりません〉

――その考えを信じると、あなたはどうなりますか？

〈とても葛藤を感じます。解決不可能な状況のような気がします〉

――その考えがなければ、どういう人になりますか？

〈リラックスします。自由に正直になれます。自由に自分自身でいられます。自分の誠実さの中で生きます〉

――ひっくり返しましょう。

〈本当のことを言っても、僕が傷つかず、失望せず、怒らないでほしい。これはいいな〉

――次の文章を見てみましょう。

〈正直でいることは時として怖いことだ〉

――ひっくり返して。

〈正直でいることは怖くない。それはわかります。怖いのは正直さではないのです。失うことが怖いのです〉

――そうですね。いつでも、失うことが得ることだとわかったのはよかったですね。次の考えは何でしたか?

〈正直でいると、自分の欲しいものが手に入らなくなる。これは本当ではありません。嘘をつくと、自分が欲しいものが手に入らなくなるのです〉

――だから、私は自分が本当に欲しいものを愛しているのです――素晴らしい驚きですよね。正直になることは、本性に近づいて生きることです。なぜそれがわかるかというと、そういう生き方をしないと、苦しいからなのです。その苦しみは、あなたがその瞬間、どんなストレスフルな考えを信じているかに気づき、問い直し、ひっくり返す機会です。痛みというのは、それだけのものです。正直でいると、苦しくないですよ――絶対に。

どうしたら自分のことを愛せるだろうか。私の経験から、一つは、自分以外の人に認めてもらおうとしないことだ。認めてもらおうとしなければ、自分がすでに認められているということがわかる。私は認めてもらおうとしない。人には、その人が考えるように考えてほしい。認めてもらおうとすると、気分が良くない。そして私は問い直しを通して、あなたが認めているのは私が求めているものなのだということを知った。それは愛だ——愛は何も変えようとしない。

夫は家族のもとに帰ってくるべきだ

〈夫は家族のもとに帰ってくるべきだ〉

——それは本当だと、絶対に言いきれますか？

〈どうしてもそうしてほしいんです〉

——そして、あなたは彼が戻るべきだということが本当だと、絶対に言いきることはできますか？

〈いいえ〉

――問い直しというのは、現実だけを扱うのです。現実は、彼は戻ってきていないということです。彼は、戻ってくるまでは戻ってくるべきではないのです。彼が戻るべきだという考えを信じると、あなたは現実と争っているのであり、そうすると、あなたは負けます。負ける率はたったの一〇〇パーセントですが。猫にワンと吠えろと言っているようなものです。あなたは「あの猫に吠え方を教えるために全人生をささげましょう」と言っているのです。そして、あなたはそれを教えて教えて、一〇年の終わりに、猫はあなたを見上げて「ニャー」と言うのです。彼が帰ってくるよりもあなたがずっと幸せになれることがあるのですが、あなたの信念がそれに気づかせてくれないのです。それが何であるかを見つけられますか？ 「夫は家族のもとに帰ってくるべきだ」という考えを信じたときに、あなたはどうなりますか？

〈私はみじめで、怒って、落ち込んで、つらくになります〉

――そして、彼にどういう話し方をしますか？ 子どもに彼のことをどう話しますか？ 彼が戻ってくるべきだと信じているのに彼は戻ってこなくて、あなたがこんなにもみじめでつらいというときに。

〈あまり良くは話しませんね〉

――もっと具体的に。目を閉じてください。どんな自分が見えますか？

〈彼を批判して、怒鳴りつけて、たくさんの怒りを表現して、冷たくてよそよそしくて、彼を傷つけるとわかっている辛らつなことを言っている自分が見えます。子どもたちに彼の話をするときは、こきおろします。彼が悪いということにしたいのです。彼が残酷で、不誠実だということを子どもたちにわかってほしいのです。子どもたちには、彼を嫌って、私の側についてほしいのです〉

——彼は帰ってくるべきだという考えがなければ、あなたはどんな人になりますか？

〈このゴタゴタから自由になれます〉

——「夫は家族のもとに帰ってくるべきだ」——ひっくり返しましょう。

〈私は家族のもとに帰るべきだ。そうです、子どもたちはおそらく彼がいなくて寂しく思うよりも、私がいなくて寂しいと思います——私は一緒に暮らしているのに。そして、私も子どもたちを恋しく思います。一緒にとても楽しいことができるはずなのに〉

——ほかのひっくり返しは？

〈私は自分自身のもとに帰るべきだ〉

――それを感じてください。それが癒しです。

〈はい。ずっと留守にしていて家にはだれもいなかったという感じです。今は、玄関を開けて、帰ってきたという気がします。私は幸せな女性になれそうです。幸せな、離婚女性に〉

ほかのひっくり返しは見つかりますか？

〈私は彼のもとに帰るべきだ〉

――それがわかりますか？

〈はい〉

――だれも、あなたが彼を愛するのをやめさせることはできません。それができるのはあなただけです。あなたは愛に気づけなくなるようなストーリーを信じてきたのです。あなたの中にある、夫と子どもへの大きな愛に。それで、あなたは、彼に幸せになってほしくないというふりをしていたのです。私は目を閉じて、夫を愛する女性の腕の中に夫がいるところを思い浮かべることができます。そして、それが彼のやりたいことなら私はそうしてほしいと思うし、彼のいない自分の生活を思い浮かべることができるし、それがどんなに充実したものになるかもわかるのです。私はいつでも自分の人生にたっぷりの愛をもっています。皆、そうなのです。不足することもないし、多すぎるということもありません。この「ワーク」が自分の中に生きているということがわかるのは、計画も立てずに、ひっくり返しを生きていることに気づくときです。「私は家族のもとに帰らなければ。自分自身のもとに帰らなければ。そして、彼のもとに帰らなければ」というふうに。そして、あなたが家に帰ったら、夫に電話をして「愛しているわ。そして、あなたがその女性と一緒にいることがとても嬉しいわ。私は自分の内面を見て、それを発見したのよ。そして、私はあなたへのこの愛にとても感動しているの」と言ってください。夫についてこれまで抱いていた思い込みは、あなたという愛に気づくことの妨げ以上の何ものでもなかったのです。

あなたの愛する人を奪うものは何もない。あなたが夫を失うのは、あなたがある考えを信じたときだけ。そうやって、あなたは彼から離れるのだ。そうやって、結婚が終わるのだ。彼はこうあるべきだ、これを与えてくれるべきだ、あるがままの彼とは違う人であるべきだ、という思い込みに囚われるまでは、あなたは夫と一つでいられるのに。そうやって、あなたは彼と離婚する。まさにそのときに、あなたは結婚を失うのだ。

❖先生が私をがっかりさせた

〈私は、以前私のスピリチュアルな師だった女性に腹を立てています。彼女は私に、神の恵みを得るためには、世界と家族を捨てて、スピリチュアルな修行をしなければならないと教えたからです。でも、彼女に人生を捧げてすべてのお金を払ったのに、彼女は私が助けを必要としているときに助けてくれませんでした〉

――「彼女は私を助けてくれなかった」――それは本当ですか？

〈彼女が私を助けなかったときはたくさんありました。そして、「ええ、彼女は助けてくれました」と言えるときもあります。それでも、怒りがこみ上げてくるのをどうすることもできないのです。そして私は……〉

――ゆっくりやりましょう。問い直しに戻りましょう。イエスかノーかで答えてください。「彼女は私を助けてくれなかった」――それは本当ですか？

〈いいえ〉

――そこに落ち着いてみましょう。考えてみましょう。私たちは、本当のことは聞きたくないものです。私たちが信じていることと反対だから。私たちの頭は、問い直しから逃げて、自分の信じていることが正しいと証明するのが仕事なのです。脅えた子どもと同じです。それで、「彼女は私のお金を全部取ったのに、助けてくれなかった」という考えを信じると、どんな気持ちですか？

〈とても頭に来て、失望して、彼女が私の人生を台無しにしたと感じます〉

――そうですね。「彼女は私を助けてくれなかった」という考えがなければ、あなたはどんな人になりますか？

〈もっと安らかになるでしょう。それほど怒らないでしょう〉

――はい。それでは、「彼女は私を助けてくれなかった」――ひっくり返して。

〈私は自分を助けなかった〉

――そちらのほうが本当のようですか？

〈ええ。そちらのほうが本当です〉

――では、あなたが自分を助けなかった例を三つ挙げてください。

〈意味がわかりません〉

――彼女があなたを引きとめたのですか？

〈いいえ〉

――では、それが一つの理由です。あなたは彼女と一緒にいたとき、不幸だったにもかかわらず、自分自身を助けましたか？

〈いいえ。ああ、わかりました。そして、彼女が私のすべてのお金を差し出させたわけでもないのです。彼女は、そうしたほうが私にとって良いことだと言ったのです〉

――よろしい。それで、二つですね。あなたは彼女にお金をあげた。留保条件つきであげたのです。そして、そのときに、あなたは自分自身を助けていなかった。

〈そのとおりです。そして、三つめは、家族と関係を絶ったということです〉

――よくできました。彼女があなたにそうさせたのですか？

〈違うと言わなければなりませんね。彼女は何も強制しませんでしたから〉

――あなたは彼女から何かをもらいたかったから、それをすべてやったのです。もらいたかった何かとは何ですか？

〈私は神の恵みが欲しかったのです。そして、彼女が勧めるスピリチュアルな修行をすることで手に入れられると思ったのです――家族との縁を切るとか、私のお金をすべて彼女にあげるというような。私は、それらをすべてやれば、彼女が私を認めてくれるだろうと思ったのです〉

――「彼女に認めてもらえば神の恵みを受けることができる」――それは本当ですか？

〈ええと、今では彼女が本当にスピリチュアルな人でなかったということがわかりますから、ノーです。本当ではありません〉

――「ほかの人よりもスピリチュアルな人がいる」――それが本当だと、絶対に言いきることができますか？

〈今の時点では、私は疑っています。ですから、本当だとは言えません〉

――その考えを信じると、あなたはどのように反応しますか？

〈自分がスピリチュアルな人間ではないと感じます。私は、穏やかで謙虚な人になろうとして走り回っていました。私が見つけたスピリチュアルな人を喜ばせるためには何でもやって。私は怒っているときにも怒っていないふりをしました。それは大変な努力でした〉

――「私はスピリチュアルではない。だからスピリチュアルに振る舞おう」

〈そうです。私はそのために一生懸命がんばらなければならないと思っていました〉

——それで、あなたよりもスピリチュアルな人がいるということを信じずに生きれば、あなたはどんな人になりますか？

〈自由な時間がいっぱいできると思います〉

——そしてお金もたくさん。

〈私は常にだれか別の人のようになろうとしなくなるでしょう。私はただ自分の目の前にあることをやっていくと思います〉

——それはスピリチュアルですね。そして自由です。たぶん、自由というのは、普通の、幸せな女性のことなのでしょうね。私は自分の子どもたちに、普通でいることを嬉しく感じられるといいねと言っています。普通でいることは気持ちの良いものですよ。私はそれ以上でもそれ以下でもないのです——私はただ私なのです。いずれにしても、この私でいられるのは素晴らしいことです。私はいつもただの私だったけれども、それでよいのだということがなかなかわからなかったのです。

〈私もそんなふうに感じられたらと思います〉

では、「神の恵みを受けるためにはだれか別の人に認めてもらう必要がある」——それは本当ですか？

〈いいえ、そんなわけはありません〉

――「あなたは神の恵みを受ける必要がある」――それは本当ですか？

〈私は神の恵みが欲しいです。でも、神の恵みを受けられるほど良い人になれるとは思いません〉

――神の恵みを受けられたら、あなたは何を手に入れるのですか？

〈よくわかりません。自分自身が恵みの状態になるのだろうと思います。すべてが完璧に見えるのでしょう――でも私には想像できません〉

――そして、あなたの先生に認めてもらったら、あなたはどういう気持ちになりますか？

〈今ではそれは何の意味ももちません。でも、そのときは、世界を意味していたのだと思います。素晴らしい喜びだったのだと思います〉

――神の恵みのような？

〈え？　ああ。そのとおりですね。私の考えの中では、その二つは一緒だったのです。どちらも、私の不幸を取り去ってくれるはずだったのです〉

――では、「私は神の恵みを受ける必要がある」――この考えを信じると、あなたはどうなりますか?。

〈不幸です。自分に価値がないように感じて、絶望的になります。まるで天国から放り出されたような感じで、天国に入るためならどんなことでもしようと思います〉

――あなたの家族と縁を切って、すべてのお金を先生にあげることも含めて?

〈そうです。まさにそういうふうに感じたのです〉

――あらまあ! 私は神の恵みをこういうふうにして受けていますよ。私はこのティーカップを置いて、それから持ち上げるんです。これはどの方向から見ても完璧です。私はここであなたと一緒に座り、このカップを持っていることにとても感謝しているのです。これ以上のことは想像できません。自分には神の恵みが必要だという考えがなければ、あなたはどんな人になりますか?

〈私はここでただあなたに微笑みかけているでしょう。今やっているように。私はなんてバカだったんでしょう!〉

――そして、自分はバカだったという考えがなければ、あなたはどうなりますか?

〈私の微笑みはもっと大きくなります〉

――そうです、あなたは聖なる「バカ」になるのです。あなたがやってきたこと、あなたのすべての過去は、ここに来てその微笑を浮かべるために必要なことだったのです。そのために得られた経験をしばらくの間、味わいましょう。あなたが何かを求める必要があるという考えがない状態をです。それが神の恵みです。だれもあなたにそれを与えられないし、取り去ることもできないのです。それを取り去れるのは、検討していない考えだけです。「私は神の恵みを得られるように努力しなければならない」とか、あなたの先生があなたにさせたことについての考えなどです。どうしてそうなのか。彼女はあなたをとどまらせたのではない。あなたが愛を求めてとどまったのです。私が祈るとすれば、こんなふうです。「神よ、愛されたい、認められたい、評価されたい、という欲望から私を守りたまえ。アーメン」。それで、「私には神の恵みが必要だ」――ひっくり返せますか？

〈私には神の恵みは必要ではない？〉

――すでにもっているものを、どうやって必要にできるのでしょう。あなたが理解しはじめているのが嬉しいですよ。

第7章

パートナーに欠点があったら？

ワークというのは、どんなに悪い人間関係であっても受動的に受け止めろという立場をとっているのか、と聞く人がいます。そういう人に、私は、ワークはどんな立場もとっていない、と答えます。とれるわけがないでしょう。ただの四つの質問と、ひっくり返しだけなのですから。これを聞いて、よく理解できない人がいます。「パートナーをあるがままに愛するのであれば」とその人たちは言います。「それは、相手の欠点を受け入れて一緒にいるということを意味するのではないのですか？　なぜ我慢しなければならないのですか？　本当の欠陥商品だったらどうするんですか？」　なんておもしろい質問なのでしょう。見てみましょう。

「彼は本当に思いやりがない。家に泥の足跡をつけるし、私がせっかくきれいにしたばかりのベッドに汚い仕事着で座って靴の紐を結ぶし、フットボールに夢中で私の言うことを聞かない」「彼女はいびきをかく」「彼女はそれをちゃんとやらない」「彼は洗濯機に赤いソックスと一緒に白物を投げ込んでしまって、白物は永遠にピンクになってしまった」「彼女は運動をしなくなって太った。あのきついドレスを着た彼女を見てくれよ！」「彼はきちんとした格好で就職の面接に出かけて行くけれど、ひげに乾燥した卵がついている」。

なぜこういうことが起こるのでしょうか。最初ははっきりしないかもしれません。でも、ちょっと考えると、こういうことのおかげで私たちがより親しくなれるということを発見するでしょう。あなたが受動的だったら、できないことですが。これはあなた自身のエンパワーメント〔訳注：力を獲得すること〕の話なのです。愛の目を通して、物事を本当にあるがままに見る能力のことです。パートナーについてワークをするとき、あなたはすべての問題が自分自身から来ているということに気づきます。彼がどういう人間であるかということをあなたに知らせているのはあなたの考えだからです。あなたがいずれにしろ彼のことを欠陥商品だと思うのであれば、あなたはその瞬間現実と争っているのであり、自分自身が見えなくなっていることは確かです（相手を攻撃するときに自分こそが正しいのであり正当なのだと感じるときが、その例です）。根源に戻りましょう。自分自身に戻るのです。

ひげに卵をつけている夫を見てみましょう。彼について、あなたは二つの見方ができます。一つめは、彼が欠陥商品だと思うことです。「あらまあ、ひげに卵をつけていくわ！　ねえ、待ちなさいよ！　ひげに卵がついているわよ！　なんてだらしがないの！　あなたがどういうつもりなのかわからないわ――洗って！　急いで、遅刻するわよ！　ほら、私にやらせてごらん。あなたにも気づくチャンスがあったのよ。なんで私がいちいちあなたに指摘してあげなければならないの？　採用なんてされないわよ。あなたはひどい鬱憤がたまるでしょうね――なんであなたと結婚なんてしちゃったのかしら？　ねえ、やめて、私はあなたとキスなんてしたくないわ。私を一人にして、ここから出て行ってちょうだい」。

もう一つの見方は、欠陥商品などというものはそもそもあり得ないということがわかる場合です。「彼はひげに卵をつけて出て行くわ。すごくおかしいわね――彼はものすごく急いでいるのね。あんなに目立つことに気づかないんだから。私が卵をふいてあげよう。だって、どうしてこういうことが起こったのか、その理由が私にはわかるから。一つは、私が彼のひげを改めて見るようにするためだわ、もちろん。ひげに卵がついたままでは就職面接がどんなふうになっただろうということを想像して私たちが、一緒に笑うためでもあるわ。卵をふいてあげるのは、温かくて、いとしくて、おかしくて、親しいことだわ。彼にいってらっしゃいのキスをする時間はないと思っていたけれども、乾いた卵のおかげで、キスができたわ（時間がないと思うときに、こんなふうに時間が現れるのはおもしろいわね）。そして、私は彼の新しい仕事に貢献することができたわ！」

❖「彼の欠点と一緒に暮らすのはもううんざり」──問い直し

〈夫はいつも遅刻するんです。それは、子どもの頃からの彼の問題なんです。彼もそうだと言うし、彼のお母さんもそうだと言うし、私もそうだと思います──それで、私は気が狂いそうなんです。彼はやさしくないし、思いやりがないし、頼りにならないし、間が抜けているし、子どもたちにとって情けないお手本なんです。私は変わろうという気がない人と一緒に暮らすのはもううんざりなんです〉

──わかりました。あなたが正しいとしましょう。あなたには何ができますか。あなたは二〇年間彼を変わらせようとしてきたけれども、うまくいかなかったのです。あなたの頭の中にあることを問い直してみませんか。結局、みじめなのはあなたなのですから。「彼はいつも遅刻する」――ひっくり返してみましょう。

〈でも私は遅刻なんかしません。このひっくり返しはうまくいきません〉

――本当ですか？　あなたは人生の中で遅れたときのことを三回思い出せませんか？　彼のとは違うかたちで、見つかるかもしれませんよ。

〈ええと、私はいわゆる「遅咲き」でした――学校ではとても理解が遅かったんです。あとになって、音楽と数学がよくできるということがわかったんです〉

――それはどんな感じでしたか？

〈両親と先生が私の理解が遅いことに口出しをしてくるのは、最悪でした。私はいつも、最後には理解できるのだということがわかっていましたが、両親と先生はわかってくれないのです。彼らに決めつけられたので、ますます私は遅くなったのだと思います。とても恥ずかしかったです〉

――そして、ほかには？

〈請求書の支払いが遅れることがあります〉

――もう一つは？

〈一度か二度、私は最後の瞬間まで物事を引きのばして、そのためにものすごい不安が生じて、埋め合わせるためにほかの人をせかしたことがあります〉

――「彼は気を遣わないし、思いやりがないし、子どもたちにとって情けないお手本だ」――これはどういうふうにひっくり返しますか？

〈私は彼の遅刻を怒鳴るときには思いやりがありません。そういうときには、彼に対して本当に気を遣っていません。そして、それが彼をどういう気持ちにするかを思いやっていません。そして、そういう状況への対処法として、愛する人を怒鳴りつけているのは、子どもたちにとって情けないお手本です〉

――そして、変わろうという気持ちのない人と一緒に暮らすのはもううんざりだというのも無理はありませんね。その人とは、あなたなのです。そして、彼を放っておいてあげて、あなた自身のひっくり返しに集中しない限り、あなたは自分自身から解放されません。彼を変えることは、もうあなたのライフワークではなくなるでしょう。あなた自身がライフワークになれるのです。変われるということを信じているのはあなたなのです。

〈私は、彼の遅刻にどうすれば別の対応ができるのか、どうしても想像できないんです〉

――彼の遅刻は彼の問題です。あなたは自分の問題にだけ取り組んでいればよいのです。例えば、あなたは時間に間に合うように、彼を待つのをやめたってよいのです。最悪の場合を考えてみましょう。彼が遅刻することであなたが想像できる最悪のことは何ですか？

〈私たちの一人娘がこの六月に結婚するのです。そして、彼が父親として娘を花婿に引き渡す役をやるのです。もしも彼が結婚式に遅刻したら、私はどうしたらよいかわかりません〉

——これを試してみましょう。あなたは結婚式の日の娘さんの役をやってください。そして、お父さんが遅刻しています。私は彼を無条件に愛している正直な妻の役をやりましょう。あなたを演じるのです。彼は遅れています。そして、私たちは結婚式場にいます。（ケイティは母親として話す）まあ、あなた。素晴らしい結婚式日和ね！とてもきれいよ。

〈（母親は娘の役をやって）お父さんはどこ？〉

——あら、遅れているのよ。

〈どういう意味？　もう結婚式が始まるのよ！〉

——わかっているわ。どうしたらいい？　あなたがよければ、私が側廊を一緒に歩いてあげてもいいわよ。

〈バカなことを言わないでよ。お父さんをどうにかすることはできないの？〉

――できないわ。お父さんが自分でできるだけのことをやっているということしかわからないわ。私は手伝いましょうかと言ったけれども、お父さんは自分でやると言ったのだから。

〈そしてお母さんはどうしたの？〉

――お父さんがやりたいことを尊重したわよ、もちろん。

〈お母さん、それは本当に間違っているわ。お父さんをせかすべきだったのよ。私の結婚式なのよ！　あらまあ、それじゃあお父さんは来ないわ！　全部お母さんのせいよ！〉

――わかるわ。そして、この時点で、どうやったら立て直せるかしら？　あなたはとてもきれいよ。ちょっとパニックになっているけれどもね。

〈もう、やけくそだわ！　いいわ、私と一緒に側廊を歩いてくれる？〉

――いいわよ。名誉なことだわ。泣いてもいいかしら？

〈どうして？〉

――お父さんの遅刻にこれほど感謝したことはないわ。娘と一緒に側廊を歩けるんだもの。お父さんもあなたも飛び上がりたいほど愛しているわ。

〈お母さん、あなたは素晴らしいわ！　あら、来たわ！　お父さん！　急いで！〉

――なんていう話でしょう！　そもそも、彼が遅刻するなんてどうして信じられるんでしょう？「遅刻」なんていうことがあり得ると、どうして信じられるんでしょう？　彼は明らかに、完璧な時間に来たのだわ。さあ、私は座って、娘の夢見たとおりの結婚式を見ましょう。父親に引き渡されて。これ以上素晴らしいことはないわ。

❖本当に悪い関係――だれと？

ワークの結果はいつでも平和なものですが、決して消極的なものではありません。ときには、怒っている人や、人を傷つける人、暴力をふるう人、自分自身にやさしくない人など、自分の考えをあなたに投影して、あなたが自分の悩みの原因だと本当に信じている人と関係をもつこともあるでしょう。その関係から抜け出すことがあなたにとって正しいことだと思われれば、何としても、そうしてください。悪い人間関係でも、答えは同じです。つまり、自分自身に尋ねるということなのです。

自分の考えを私に投影する人と一緒に住んでいるために、私の身体に痣《あざ》ができたり傷がついたりするようなら、私は自分の信念を問い直す必要があります。自分を怖がらせてとどまらせている考えを問い直す必要があるのです。そして「彼は私をたたいたり怒鳴ったり我慢させたりすべきではない」というような気持を問い直し、ひっくり返す必要があります。つまり、「私は自分をたたくべきではない。彼の手を使って。私は頭の中で自分を怒鳴るべきではない。私は（幸せを）自分に我慢させるべきではない」というふうに。これも正しいですか。あるいはこちらのほうが正しいですか。そして、そのとおりであれば、このひっくり返しをどうやって生きたらよいのでしょう。

❖ 別れるにしろとどまるにしろ、平和に

あなたはパートナーの明らかな欠点を我慢する気があるかもしれないし、ないかもしれません。あなたが関係を続けるにしろ別れるにしろ、常にやり方は二つあります。一つは愛をもって、平和にやることです。そしてもう一つは、怒りと非難をもって、争うことです。あなたが平和にやりたいのなら、パートナーについて評価を下し、それを書き出し、四つの質問をし、そしてひっくり返してください。パートナーの欠点というのはあなたの目で見た欠点なのだということをはっきりと理解してください。それから、自然に結論が出てくるのを待ちましょう。結論はいつも時間どおりに現れます。一秒も狂わずに。

この章の残りは、アムステルダムから来た女性との対話にあてます。その対話は、人が一つの考えを、それがまるで事実に思えるほど、徹底的に信じることができるという完璧な例だからです。この女性は夫の打ち解けなさは致命的だと確信していて、夫と別れようとしていました。でも事実として見えるものを問い直してみると、それは単に二つの問い直されていない考えだということがわかったのでした。

私を理解するのはあなたの仕事ではない――それは私の仕事。

――ようこそいらっしゃいました。あなたが書いたことをうかがいましょう。

〈私は自分の結婚について書きました。私は夫と別れようと思っていて、そのことにひどい罪悪感を抱いているからです〉

――「あなたは夫と別れる」――それは本当ですか？

〈はい〉

――それが本当だと、絶対に言いきれますか？

〈この瞬間に？　いいえ、できないと思います〉

――「私は夫と別れる」という考えを信じると、どのような感じになりますか？

〈ひどい罪悪感をもちます〉

――あなたがその考えを信じて罪悪感を抱くと、彼に対してどのような態度をとりますか？

〈彼に対して怒りを感じます〉

――そうですね、まるですでに彼と別れてしまったみたいなものですよね。あなたは彼と感情的に別れているのです。夫と別れるという考えがなければ、あなたはどんな人になりますか？　例えば、五日後に別れる予定だとしましょう。この五日間、その男性と一緒に暮らして、別れるという考えがなければ、あなたはどんな人になりますか？

〈平和でしょう。一人の人間としてもっと彼の全体を見るでしょう〉

――そうですね、あなたが彼を罪悪感なしに見れば、良い時を過ごせますね。彼はあなたの荷造りすら手伝ってくれるかもしれませんね。

〈それは良いわ〉

――そして、お二人とも、あなたがうまく暮らして行けるようにと願うことができるでしょうね。「私は彼と別れる」――ひっくり返して。

〈私は彼と別れない〉

――あなたが彼と別れない三つの証拠を見つけられますか？　あなたが家を出て行くとしても。

〈私は今でも彼のことを気にかけている。私は彼が子どもに会えるように定期的に招くつもりだ。彼が必要とするときには力になりたい〉

――そうです、あなたたちは本当に良い友だちになれるでしょうね。あなたの子どもたちのお父さんを愛して気にかけられるというのは素晴らしいことです。それが開かれた頭をもつことの素晴らしさなのですよ。頭が開くと、心も開くのです。どちらか一つだけ手に入れることはできません。離婚して自分の考えを信じている両親は、冷たく、怒っていて、混乱していることがあります。心で感じることはあまりできないのです。人は無条件にお互いを愛しながら、それでも離婚することができるのです。別れるときは怒っていなければならないということはないのです。

〈でも、愛があると難しそうです。だって、別れる動機がないと思うから〉

――「恐れや怒りが動機でなければならない」――それは本当ですか？

〈いいえ。それは違うということはわかります。それでも、議論や怒りがたくさんあったほうが、人に説明する

のが簡単です〉

――あなた自身の理解について見てみましょう。あなたは自分がなぜ別れようとしているか、自分自身にどう説明しますか？

〈彼が私と話したがらないから、私は彼と別れようとしています〉

――わかりました。それでは、人にこう説明したらよいでしょう。人があなたになぜ彼と別れるのかと聞いたら、あなたは「私は彼を心から愛しているけれども、私と話をしてくれる人と一緒に住みたいの」と言えばよいでしょう。

〈まあ〉

――そしてあなたの夫が「なぜ君は僕と別れるの？」と聞いたら、「あなたは私と話をしないからよ」と言えばよいでしょう。あなたにはあなたの理由があるのです。世界のほかの人たちには十分でないかもしれないけれども、あなたには十分な理由なのです。その理由があなたにとって平和なものであれば、あなたの考えは戦闘ゾーンには入っていないのです。あなたは子どもたちに、別れるときは怒りながらやるものだということを教えないですみます。別のやり方を教えられるのです。あなたには別れる理由がある、そして、あなたはまだ彼を愛している、そしてあなたはバランスがとれていて愛情がある自分自身を愛しているのです。次には何を書きましたか？

〈私を失望させ私たちの結婚をだめにしたので夫に対して怒っている〉

――「彼は結婚をだめにした」――それは本当ですか？

〈本当にそうかと言われると……〉

――このワークをやるときには、イエスもノーもどちらも良い答えです。あるいは、「わからない」と言ってもよいのです。「彼は結婚をだめにした」――それは本当ですか？

〈いいえ、違います〉

――あなたの答えはノーですね。どうしてノーだと思ったのですか？

〈頭の中ですごいめまいがしたんです。もうだれが悪いのかよくわかりません〉

――いいわ。それでは、今のところ、答えはノーですね。「彼が結婚をだめにした」という考えを信じると、あなたはどんなふうになりますか？

〈自分が結婚生活のためにどれほど闘ったかを思い出します。そして、彼が私の言うことに耳を傾けるべきだったと思います。彼が部屋に入ってくると、私の考えは彼を攻撃しはじめるのです。彼が結婚をだめにしたすべての理由を見つけ出して。私は自分のエネルギーで、彼を押しやってしまうのです〉

——彼が部屋に入ってきたとき、彼が結婚をだめにしたという考えをもしも信じていなければ、あなたはどんな人になるでしょう？

〈私は部屋に入ってくる男性を見るでしょう。それは問題ないことだと思います〉

——そうですね、あなたはただそこにいられるでしょうね、彼が何か言ったとしても言わなかったとしても。そして彼が無言であっても、あなたは彼の欠点を見つけずにただ彼を見ていられるでしょうね。では、「彼は結婚をだめにした」——ひっくり返しましょう。

〈私は結婚をだめにした〉

——あなたが結婚をだめにした証拠を三つ見つけられますか？

〈ええと……私は彼をたくさん批判します。彼に伝えている以上のことを、彼から求めています。私は彼にいろいろなことを押しつけすぎます〉

——彼に、「あなた、私は結婚をだめにして、本当に悪いと思っているわ」と言ってみたらどうでしょうか。それからあなたが見つけたことを具体的に彼に話せばよいでしょう。あなたの次の文章を見てみましょう。

〈私がもう結婚生活を続けられないということを夫に理解してもらう必要がある〉

――「あなたは彼に理解してもらう必要がある」――これは本当ですか？

〈そうしてほしいです〉

――「あなたは彼に理解してもらう必要がある」――それが本当だと、絶対に言いきれますか？　これはとても重要な質問です。

〈いいえ、絶対に言いきれません〉

――あなたは彼に理解してもらう必要があるという考えを信じているのに、彼はそうしてくれない、というときのあなたの反応はどうなりますか？

〈私は手に入らないものを求めつづけます。それをずっと彼に求めつづけます。彼に答えを求めつづけるけれども、彼には答えがなくて、それで私にはもっともっと鬱憤がたまります〉

――彼がまだあなたを理解してくれないというとき、彼に対してどのような態度をとりますか？

〈それがまるで彼のせいであるかのように振る舞います〉

――そしてそれでも彼が理解してくれないと？

〈私はあきらめます〉

――あきらめたのに、まだ彼に理解してもらう必要があると考えるのは、どんな感じでしょうか？

〈私は高飛車に辛らつになるか、黙って不機嫌になるかします。私は被害者のように感じるし、そう振る舞います〉

――「私は彼に理解してもらう必要がある」という考えがなければ、あなたはどんな人になるでしょう？

〈たくさんのストレスから解放されると思います。彼が黙っていても、そのままにしておけると思います〉

――人が「ああ、わかるわ」と言うときでも、人が理解したことは何なのか、私たちは本当のところはよくわからないものです。それは不可能なことですよ。何が可能かを見てみましょう。「私は彼に理解してもらう必要がある」

――ひっくり返して。

〈私は自分を理解する必要がある〉

――そうですね、このワークシートを書くだけでも、あなたは自分自身をたくさん理解してきましたね。自分自身を理解したいときはいつでも、パートナーに評価を下し、それを書き出し、四つの質問をし、ひっくり返してください。「私は夫に理解してもらう必要がある」の別のひっくり返しを見つけられますか？

〈私は夫を理解する必要がある〉

――彼は人を傷つけているのに、理解することが**できない**のかもしれません。あなたは今、彼への答えをもっています。怒ることなく、愛をもって伝えることのできる答えを。あなたが自分自身について発見したことを彼に教えてあげてください。そして、彼を理解してください。ほかにもひっくり返しがありますね。

〈私は彼に理解してもらう必要はない。それは良いわ〉

――私たちがはっきりしていて正直であれば、愛してくれる人に理解してもらうのはずっと簡単になります。まるで相手が敵であるかのように叫ぶことはないのです。私たちはただ親切に愛をもって、いかに**自分**がその問題を作ってきたのかをはっきりと知らせるのです。相手が理解したがっているということを私たちは知っていますが、相手から何らかの理解を期待すると、私たちは的を外してしまいます。大切なのは相手が理解するということではなくて、自分が理解するということなのです。なぜなら、そうすれば私たちは最も幸せでいられるからです。

〈それはずっと気分が良いわ。だってそれなら自分で責任をもってできるわけだから〉

――あなたが書いた次の文章を読んでください。

〈夫は私と話をしないことによって私を失望させるべきではない〉

――ひっくり返して。

〈私は自分と話をしないことによって私を失望させるべきではない〉

――そうです。あなたは自分自身の中にある答えを、彼に求めていますか？

〈答えを見つけるのは難しいです〉

――そしてあなたは、彼はそれができるべきだと思っている。次の文章を読んでください。

〈私は夫に今の気持ちをわかってもらう必要がある〉

――「あなたは彼に今の気持ちをわかってもらう必要がある」――それは本当ですか？

〈そうしてほしいです。そうすれば、私はもっと落ち着いて安心できるでしょう〉

——こういうふうに見てみましょう。「彼はあなたの今の気持ちがわかっていない」——それは本当ですか？　あなたが別れようとしていることを彼に伝えましたか？

〈いいえ〉

——「あなたの夫はあなたの気持ちをわかるべきだ」——それは本当ですか？

〈いいえ〉

——そのとおりですね。あなたは黙っていたのですから。

〈ここに至るまでのことはすべて話しました〉

——そして「彼はあなたの**今の**気持ちをわかるべきだ」——それは本当ですか？　彼には超能力があるのですか？

〈いいえ〉

——あなたはその考えを信じていて、そして彼はあなたが別れようとしていることにまったく気づかないというときに、あなたの反応はどうなりますか？

〈とてもストレスを感じます〉

ひっくり返して。

〈夫は私の今の気持ちをわかるべきではない〉

――わかることは不可能ですよね。どうして彼に伝えるのが怖いのですか？

〈彼がショックを受けてだめになってしまうのではないかということが怖いのです〉

――あなたは彼がショックを受けてだめになってしまうのが怖いのですね。それで、あなたはどうなるのですか？

〈私は責任を感じてひどい罪悪感を抱くでしょう。そしておばあちゃん、つまり義理の母が怒るだろうとか、そういったことが怖いです〉

――わかりました。ロールプレイをしてみましょう。あなたは夫の役をやってください。そして私は彼をとても愛している人の役をやりましょう。つまり、私は正直なあなた自身になります。（ケイティは妻のようなしゃべり方で）あなた、私はあなたと別れることにしたわ。

〈(妻は、夫のようなしゃべり方で)そんなのだめだよ。できないよ〉

——わかるわ。でも、別れるわ。

〈でも、もう一度やりなおしてみなければだめだよ〉

——やってみたわ。とても不思議なのよ。私はあなたをとても愛しているけれども、別れるのよ。

〈でも、もっと一生懸命やってみなければだめだよ。どんな関係も山あり谷ありなんだから〉

——そのとおりだわ。あなたはこの事態にとてもうまく対処しているわね。

〈僕が?〉

——私にはそう見えるわ。別れると言ったらあなたはショックを受けてだめになってしまうと思ったけれどもあなたはちゃんとそこに立って私と話しているのだもの。(ケイティに戻って)いいでしょう、では今度はおばあちゃんになってください。あなたが怖がっている。

〈(妻はおばあちゃんのような話し方で)あなたはぜいたくだわ。あなたが持っているもの、そして彼があなた

にしてくれたことを考えてみなさい。あなたは自分のことしか考えていないわ〉

――お母さんの言うとおりです。彼は私にとてもたくさんの素晴らしいことをしてくれたし、彼はとても素晴らしい父親です。彼はすごいです。私は本当に彼を愛しています。

〈では、なぜあなたは彼と別れるの？〉

――彼が無口だからです。彼は私と話さないんです。

〈でも子どもたちのことを考えてみなさい。子どもたちがどれほど苦しむか考えてみなさい〉

――そのとおりかもしれません。私はできるだけやさしく思いやりをもとうと思います。私は子どもたちに、どんなに素晴らしい父親をもっているかをわかってほしいです。

〈それなら別れるのはやめなさい！〉

――それはできないんです。彼は私と話さないんです。（ケイティに戻って）さあ、あなたは自分の考えを問い直しましたね。あなたは何があなたにとっての真実かがわかりましたね。彼がいかに愛のある人かということを知っているし、あなたがいかに愛のある人かということも知っています。あなたは皆がどれほど子どものことを気にかけているかということも知っています。あなたは正直な人間でいるために必要なものは何でももっています。真実を怖がる必要のある人などいません。私たちが真実の周りに築き上げてしまう防御壁が、私たちの心に恐れをもたらすのです。私があなたの役をやったとき、私が言ったことはすべて、あなたがワークシートに書いたことなのですよ。次の文章を読んでください。

〈夫は心を閉ざしていて、頑固で、自分の考えを他人に話さず、無知で、変わっていて、ヒステリックで、怒っていて、頭に血が上っている〉

——ひっくり返してください。「私は……」

〈私は心を閉ざしています〉

——では、あなたが心を閉ざしているところを見つけましょう。一つには、あなたは彼に別れようとしていることを言っていませんね。ほかにあなたが夫や、子どもや、あなた自身に心を閉ざしていることはありますか？あなたはどうせ彼と別れるのですから、彼に心を開いたほうがよいでしょう。もしかすると、あなたが会ったことのない人に会うかもしれませんよ。真実はたくさんのことを変えられるのです。次を読んでください。

〈私は頑固だ。たしかに私は自分の考えに囚われがちです〉

——そうです。例えば、彼が無口であるのはあなたにとって素晴らしいことかもしれませんね。「あなた、夕食には何を食べたい？」沈黙。「いいわ、では私は料理をしなくてよいわね。この週末に何かしたいことがある？」沈黙。

「思いついたら、私に言ってね」そして、あなたは自分の計画を、自分の人生を進めればよいのです。「私を愛している？」沈黙。そうしたら、私は家の中を見回して、その質問に答えればよいのです。子どもたちを見れば、彼が私を愛していることがわかります。写真を見れば、彼が私を愛していることがわかります。壁は？　彼は私を愛しています。床は？　彼は私を愛しています。彼に尋ねなければならないなんて、私はなんてものが見えていないんでしょう。そしてあなたは彼に、正直に、「愛しているわ」と言えばよいのです。それがあなたにとっての真実なら。次を読んでください。

〈私は無知だ〉

――そうです、あなたは無知です。あなたが信じていたことで、あなたにとって真実ですらなかったことについて考えてみてください。それは無知というものです。

〈そして私は最善を尽くしています〉

――そうです、すべての人が最善を尽くしているのです。私たちは皆、自分にできる最善のことをしているのです。でも、私たちが自分たちの考えを信じてしまうと、私たちはその考えを実際に生きなければならなくなるのです。私たちの頭が混乱していると、私たちの人生が混乱してしまうのです。私たちの考えに苦痛があると、私たちの人生に苦痛が起こるのです。隣人を汝自身のように愛せよ？　私はいつもそうしてきました。自分を嫌いになれば、あなたのことも嫌いになります。物事はそういうものです。私がだれかを嫌いになれば、私はその人を自分と間違えているのです。そして、解答は隠されたままになります。次の文を見てみましょう。

〈私は頭に血が上っていて、怒っている〉

――もっと正確に言うのなら、「私の考えは頭に血が上っていて、怒っている」ですね。そしてあなたは問い直すことでどうやってその考えの面倒をみるかを学んでいるところですね。次の文を読んでください。

〈夫が私と話したがらないという経験をもう二度としたくない〉

――ひっくり返して。

〈夫が私と話したがらなくても大丈夫。私は夫が話したがらないのを楽しみにしている〉

――それでは、今度はあなたが無口な夫をやってください。私は彼を愛している人をやりましょう。私はあなたの役をやるのです。（ケイティは妻のしゃべり方で）ねえ、あなた。私と話をしない？

〈（妻は夫のしゃべり方で）話さなきゃいけない？〉

――まあ！　あなたがしゃべっているわ！　もちろん、話さなくてもいいのよ。話さなきゃいけないなんていうことはないわ。とてもありがたいわ。

〈いいね。僕もありがたいね〉

――夕食には何を食べたい？

〈うーん、わからないね〉

――いいわ、わかるまでは、子どもたちにだけ食べさせておくわ。

〈それはいいね〉

――よかったわ。あなたは一緒に暮らすのがとても楽な人ね。

〈ありがとう〉

――どういたしまして。今日はどうだった？

〈うーん。ストレスがたまったね。でももう大丈夫だ〉

――それは素晴らしいわ。あなたはすごいわ！　あなたは本当に見事に処理したのね。

〈うん、そう思うよ〉

――あなたは、とても穏やかな人ね。何がストレスだったの？

〈ああ、仕事をしなかった奴がいただけだよ。わかるだろ、そんな問題だ〉

――あなたの膝に乗っていい？

〈何？　今？〉

――そうよ、今よ。あなたの膝に乗って、腕をあなたの周りに回していいかしら？

〈ああ、いいよ。どうぞ〉

――（ケイティはロールプレイをやめて）私がしたすべての質問にこの男性が答えていたことに気づきましたか？

〈ええ。そのとおりです〉

――では、これで、あなたは彼が無口だから別れるのではないということがわかりましたね。あなたはただ彼と別れるということですね。

〈たぶんそのとおりなのでしょう。まあ！　そんなことがあり得る？〉

――別れる理由を――彼があなたと話さないという考えを――守るためには、あなたは彼が実際に話しているときにでも、その考えを信じなければならないのです。それほど、信念というのは強いのです。私は彼がすべての質問に答えたのに気づきました。彼はただ疲れていただけのようです。

〈ええ、彼の仕事は大変なんです〉

――私には問題が見つかりませんね。彼があなたにどう答えたかを聞いてください。たぶん、あなたが彼に違うかたちでアプローチすれば、彼は喜ぶかもしれませんよ。彼は何も言わないし、あなたは自分の考えを信じつづけているのですから。彼はすべての質問に答えますし、この男性は手がかからないのです。仕事が大変だった日でも、家に帰る前には解決してしまうのです。あなたが夕食を作るかどうかも気にしません。あなたの人生はとても快適になるのではないでしょうか。

〈ええ、でも、私は本物の夫よりもうまく答えてしまったような気がします。そして、彼の答えがなければ、あなたほど愛のある対応ができるかどうかわかりません〉

――とてもよろしい。では、あなたは彼の人生について質問してみたことだけでもありますか。たぶん、あなたが静かなのでしょう。彼と何が話したいのですか？

〈私たちの関係について話したいです、もちろん〉

——では「あなた、私たちの関係についてどう思う？」と言ったらどうですか。

〈そういう言い方はしないのです。「私たちが話をできなくて、コミュニケーションできなくて残念だわ」というようなことを言います。わかったわ、ケイティ、私には何が問題かがわかるわ〉

——いいわ。つまり、あなたは彼が無口だという考えをもっていて、それを信じていて、彼のところに歩いていって「あなたは私と話そうとしないわね。何が問題なの？　私たちは何も共通のものをもっていないわね」と言うのですね。それでは話し合いの余地はあまりありませんね。そして、彼が本当にあなたのことを気にかけていてあなたが怒るのを見たくなければ、あなたと議論しないほうがよいだろうと思うかもしれませんね。そうすると、彼はとても静かになるでしょう。ですから、家に帰ったら、彼とどういうコミュニケーションをしているかに気づいてください。あなたのコミュニケーションの仕方のために彼が無口なのかもしれません。彼はあなたを怒らせたくないだけなのかもしれませんよ。

〈ええ、そのとおりかもしれません〉

——いいでしょう、貴重な、良いワークでしたね。私にはなぜ彼があなたを愛しているのかがわかりますよ。あなたは何も恐れるものがないということがわかったのですから、混乱したときには、ただ彼に評価を下しつづけてください。やめてはいけません——別れる理由や別れない理由をもっと書いてください。それらのどれも「事実」ではありません。そして、どれも彼を敵にはできないのです。そしてあなたはおばあちゃんを怖がる必要もありません。彼女はあなたと孫を愛しているようですから、怖がる必要はないのです。

問い直しのもとでは、この愛すべき女性の別れる理由は持ちこたえられませんでした。彼女は夫と別れたかもしれないし別れなかったかもしれませんが、夫を愛するのをやめなくてもよいのだということはわかりました。自分の考えを問い直せば、愛はいつでもそこにあったのに自分には見えなかったのだということがわかるでしょう。私が「彼はいったいどうしたのかしら」と思うときには、その瞬間に**私**に問題が起こっているのです。私はただ自分たちの間に障害物を置いたのです。それはただの考えなのですが、それを使って自分の頭が何をするかを見てみてください。そして私が彼について信じていることを問い直すまでは、私がワークをするまでは、私は愛に気づかないのです。問い直すと、愛はまた見えるようになります。あなたを愛していないときには、私は正気を失ってしまっているのです。私は自分自身とのつながりを失い、自分に最大の幸せをもたらしてくれるものとのつながりを失っているのです。そしてあなたについてのストレスフルな信念を何でも問い直してひっくり返せば、愛が生き返るのです——愛への気づきが生き返るのです。でも問い直しは本当のことでなければなりません。私は自分自身の中に入って、本当の答えを見つけなければなりません。私にとっての真実である答えを。自分にとっての真実を見つければ、何の障害物もなくなります。私とパートナーの間には障壁はなく、私と世界中のあらゆる人の間に障壁はないのです。

パートナーがしたことに自分の責任を認めるのは、この世で最も気持ちの良いことだ。ただ謙虚に感じ、自己防衛の必要を少しも感じない。完全にむきだしの自分になる。これは、お皿をなめたくなるほど、おいしいものだ。

第8章 愛における自由への五つのカギ

ここからのページでは、問い直すことができないように見えるものを問い直せるよう、自分を支えていく方法を見ていきます。

❖靴下を揃える

人が切迫した必要を感じることの多い、おなじみの例を見てみましょう。あなたの考えは「彼女は僕のところに戻る必要がある」というものです。彼女のほうは、自分はあなたのところには戻らないということをとてもはっきりとさせています。あなたが自分自身に「彼女は僕のところに戻る必要があるというのは本当だろうか？」と尋ねるときに、以下の助け舟の質問を試してください。「これは僕が本当に必要とするものだろうか？　僕は、自分にとって何が究極的にベストなのかわかるのだろうか？　僕は生きているのだろうか？　僕はまだ息をしているのだろうか？　僕は今日靴下を両足に履いただろうか？　両方同じのを履いただろうか？」これらの質問は、あなたがこの瞬間に生きている人生の現実に、あなたをやさしく引き戻してくれるでしょう。現実には、彼女がいなくてもあなたはちゃんと生きているのです。彼女なしには生きていけないと思っていても、彼女があなたのところに戻ってくる**必要**があると思っていても、あなたはちゃんと生きているのです。これらの質問には、自分の存在が危機にさらされているという子どものような考えを小休止させる効果があります。子どもは「僕の心が傷ついているときに、靴下が揃っているかどうかなんてだれが気にするものか」と言います。あなたの答えは、明らかに**あなたは**気にする、というものです。その証拠に、あなたの足を見てください。これに気づくのはとても重要です。

必要という言葉は、永続する状態を示唆するものです。「彼女は僕のところに戻ってくる必要がある」と考えるとき、あなたは自分がずっとそう感じつづけるということを信じています。でも、あなたが自分の経験をはっきりと見てみれば、永続する状態などはないということがわかるでしょう。今日あなたが抱えている問題のどれだけが、未来についての考えを信じたことによって起こっているのでしょうか。愛が必要だと考える瞬間、あなたは愛が必要だと考えるであろう未来を想像しているのです。あなたは、自分が五年後にどこかに座り、立ち、あるいは寝て、「彼女の愛を取り戻す必要がある」と考えているところを文字通り想像しているのです。それはとても苦しい考えです。

自分自身をその考えで怖がらせることは簡単です。ただそれを信じればよいだけですから。怖がらせないことも同じように簡単です。両足揃った靴下を履いてリビングに座れば、たちまちできるでしょう。まずは魔法のトリックに気づきましょう。自分が、頭の中で、その未来を呼び起こしているのだということに気づきましょう。未来の作り話のために、どのように現在の瞬間が犠牲になっているかに目を向けましょう。未来のどこかで起こるであろうことについてのあなたの推測に対して、四つの質問をしましょう。「今から六カ月後か五年後に、彼女に戻ってきてもらう必要がある――それは本当だろうか？　それが本当だと、絶対に言いきれるだろうか？　そのときに彼女を求めているかどうかすら、わかるのだろうか？　その考えを信じたときに、僕はどういうふうに反応するだろうか？　その考えがなければ、僕はどんな人間になるだろう？」それから考えをひっくり返して、それぞれのひっくり返しが、もとの文章と同じく、あるいはそれ以上に本当である理由を三つ見つけましょう。開かれた、恐れのない頭には、すばやく選択肢が浮かぶものです。

苦しい考えの本質を一度理解してしまうと、次にそれが浮かんだときには、あなたはそれをおもしろいと思うかもしれない。かつては悪夢だったものが、今ではただおもしろいのだ。その次にそれが浮かんだときには、あなたはそれを滑稽だと思うかもしれない。その次のときには、もう気づきもしないかもしれない。これが、あるがままを愛することの力だ。

❖恐れなしにできる

考えの中には、検討してみるのも恐ろしく思えるものがあります。「私はあなたなしではやっていけない」

とか「もしも子どもが死んだら、私は生きていけない」というような考えはあなたを怖がらせます。それで、自分が本当にそれを信じているのかどうかを問う代わりに、その考えを抑えつけてしまうか、それが本当であるかのように生きていってしまいます。その結果として、なぜかわからないままに不安を感じるのです。この節では、あなたが問い直しを妨げてしまう理由を探ってみましょう。

ほとんどの人は人生の中で、なくてはならないと思う人やものをもっています。あなたは、夫や子どもやお金や仕事や家を失わないように、あらゆる用心をしているかもしれません。通常、用心というと、たくさん心配したり愛する人に制限を設けたりするものです。あなたが恐れているトラブルに、その人たちが巻き込まれないようにするためです。

ときには、現実が踏み込んできて、失うのは耐えられないと思っているものを奪い去ってしまいます。そして、実際には、人は生き延びるのです。起こり得る最悪のことが起こっても、人は（敢えて尋ねれば）、実際の出来事よりも、それを恐れながら暮らすことのほうが苦しかったと言うでしょう。その人本人よりも、友だちや親戚のほうがその出来事について大きな問題を抱えているということも多いものです。以下は、ある女性の経験です。

母がすい臓がんで死にかけていたとき、私は母が亡くなるまでの四週間、母の寝室に泊まり込み、母の脇で寝ました。母に食事をとらせ、入浴をさせ、薬を与え、母のために料理をして、母を大切にしました。母の息が私のリズムになりました。私たちは一緒に眉毛を抜き、爪にマニキュアを塗り、それから笑いに笑いました。私たちは母にとって重要なすべてのことを話し、テレビの番組を一緒に見ました。母とこんなに気持ちの良い時を過ごしたことはありませんでした。人が、母が死にかけているなんて何てひどいことだろうと言いに来ると、私は目の前の母ががんの犠牲者に変わっていくのを見ました。母は、それが自分に期待されている役割だと思っているようでした。皆が厳粛で悲しく静かになり、見舞い客が出て行ってドアが閉まった瞬間、母と私は正常に戻るのでした――与え、受け取り、泣き、笑い、そしてまた笑って。

喪失をくぐりぬけた人は、喪失について自分が思い込んでいたことよりも、実際の体験のほうがやさしかったと言うでしょう。問い直しをすれば、あなたが愛する人に実際に何かが起こる**前**に、恐れが取り除かれるのです。また、問い直しによって、まだ皆が生きていて現実には問題なくやっているときに恐れに満ちた信念が人間関係にもたらす害が明らかになります。あなたの身近な人たちにとって、あなたが自分の人生はその人たちの健康に依存しているわけではないという認識をもっていることは、とてもプラスになることなのです。彼らは、あなたのために生きている必要がなければ、自分自身のために自由に生きることができるのですから。

「子どもが死んだら、生きていくことはできない」――それは本当ですか?

これは多くの人が、子どもをもっていなくても、理解できる考えです。多くの親たちの、特に小さな子どもをもつ親たちの自動的な反応は、「ええ、もちろんそれは本当です。私の子どもが死んだら、私はとても耐えられないでしょう」です。

あなたが本当の答えを見つけるのを阻む、あるいはその考えを問い直すことすら阻む考えとは何でしょう? 例えば、「私は、子どもなしでも生きて**いける**ということを考えるだけでも、子どもを裏切ることになる。私が本当には子どもを愛していないということになるだろう」というものがあるでしょう。この考えは、もちろん、そんなことはないのですが、それでも人がそれを信じるのを止めることはできません。その考えがおかしいことは、もっと単純に言い換えてみるとわかりやすいかもしれません。「私が子どもを失うことを恐れながら生きなければ、子どもを愛していることにはならない」とか「悩んでいなければ、気にしていないということだ」など。ときには頭はさらに先に進みます。迷信深い原始人のように、人は「何かひどいことが起こっても生きていけると考えたら、そのひどいことが起こるだろう」と信じるかもしれません。このような考えにはたしかに力がありますが、その力は別の種類のものです。次の質問は、このような考えがどんな効果をもつかを正確に明らかにしています。

その考えを信じたとき、あなたはどうなりますか?

あなたの子どもが死んだら生きていけないということを信じたら、あなたはどのように生きていきますか? その考えを信じたとき、あなたの子どもをどのように扱いますか? おそらく、子どもにとって健康ではないやり方で子どもに制限を加えて安全を確保しようとするでしょう。まるであなたの人生が子どもに依存しているように子どもを扱うでしょう。その考えによれば、そうだからです。これは、子どものことを、まるであなたのために存在しているかのように扱うということを意味します。「あなた、道路に飛び出さないでね、あなたが死んだら私は生きていけないと思うから」このように振る舞うとき、あなたは子どもたちに何を教えているのでしょうか。世界は恐ろしい場所で、ひどいことがいつ何時起こるかもしれない、ということです。また、あなたを生かしておくのは子どもたちの仕事で、子どもたちはあなたに責任をもっているということを教えています。そして、その考えを信じたとき、あなたは自分自身をどのように扱いますか？　あなたは自分の頭を恐れと心配で一杯にしてしまうのです。あなたは心臓を締め付けるのです。あなたは想像上の非常に苦しい未来を、自分自身に押しつけているのです。あなたはただ自分自身でいるということができません。なぜなら、あなたの考えが子どもを一人にしておけないからです。

その考えがなければ、あなたはどんな人になるでしょう？

「もしも子どもが死んだら、私は生きていけない」ということを考えることもできなかったら、あなたは子育て中の愛のある親としてどんな人になるでしょう？　この質問はじっくり考えてください。子どもとの関係から、恐れを取り去る効果を感じてください。あなたには愛が残るはずです。あなたは自信をもって、知的に、道の渡り方を教えられるでしょう。あなたのためではなく、子ども自身のために自分の面倒をちゃんとみられるように、教えることができるでしょう。あなたの例を見習って、子どもたちは、愛する人が死んでも生きていけるだろう、だいじょうぶだろうと、思えるようになるでしょう。

考えをひっくり返す

「もしも子どもが死んでも、私は生きて**いける**」ここでは、気乗りのしない、いい加減な気持ちでやらないでください。想像できないと思っていることを想像してみてください。つまり、子どもなしでやって**いける**人生のことです。悲惨さに逆らって、その人生に何か良いところを見つけてください。これは何も気味の悪いことではありません。大切なのは、恐ろしい信念への囚われを打ち破ることです。子どもがいないほうがあなたの人生が良くなる理由を三つ見つけてください（このやり方は、強力で、万能で、人生を救います。あなたが何かに耐えられないと思うときはいつでも、あなたが現実にそれに耐えられる証拠を三つ見つけてください）。この三つの理由は、本当のことである限り、ばかげたことでもかまいません。「私は朝のシャワーをいちばんに浴びられるだろう」「私はベビーシッターを雇わずに映画を見に行けるだろう」「私は子どもたちの先生がこんなだったらといつも思っていたような教師になれるだろう」。

こんな理由は、人生に子どもをもつことに比べるとばかばかしいほど軽いと思うかもしれません。でも、重さを比べているのではありません。あなたがここでやっていることは、あなたの恐怖に、もっと正直なことで対処するということなのです。つまり、「もしも子どもが死んでも、私は生きて**いける**」ということです。そうすれば、あなたは新しいかたちで現実に戻ってくることができます。

あなたの子どもがあなたのところにやって来て「お母さん、僕（私）がいなくても大丈夫？」と尋ねたところを想像してください。あなたは、子どもの目を見て「あなたを本当に愛しているわ。そして、あなたがいなくなると本当に寂しいと思うわ。でも、私は大丈夫よ」と答えてあげればよいのです。

「本当、お母さん？　僕（私）がいなくなったら何をするの？」

「ええとね。私は朝そんなに早く起きなくてもよくなるでしょう。それから、シャワーをいちばんに浴びられるでしょう。それからどこでも好きなところに出かけられるわ。そして、肝心なことは、私があなたを本当に愛しているということよ。何があってもあなたを私の心から連れ去ることはできないわ、絶対によ」

ここには何の恐れもありません。愛は恐れを意味しないということを、あなたは、そして子どもも、学んだのです。

みじめになって混乱するための一つの方法は、長期的な必要を思い浮かべることです（「今は大丈夫かもしれないけれども、来年までには夫が必要になるだろう」）。もう一つの方法は、現在の瞬間に反する考えを信じることです。この二つには共通点がたくさんあります。どちらの場合も、あなたは、「あるがまま」から自分を引きはなす考えの中に生きています。あなたは現実を楽しんだり単に対処したりするのではなく、現実と議論しているのです。

❖ この瞬間は起こる**べき**だ

私の友人の友人がミシガンの冬の真っ最中に、建設現場で働いていました。荒れ狂ったマイナス一〇度の日で、風が屋根の大きな合板を引き剝がしてしまいました。その合板は、たくさんの雪と共に、一人の建設労働者の上に落ちました。ほかの労働者は、彼が立ち上がり、雪を払い、怪我がないかを確かめるところを見ていました。皆、口汚い言葉が爆発するだろうと思っていました。その代わりに、その大工は、「俺はこういうのが好きだ」と言い、笑いはじめました。ほかの労働者は抑えられなくなり、笑いながら転げまわり、涙が頰で凍りました。こんなに良いことはありませんでした。

この話は、愛とどういう関係があるのでしょうか？　まさにこれが愛**なのです**。

愛の反対はどういうものかというと、起こっていることに完全にうんざりしていたり、完全に拒絶したり、ショックを受けたり、後悔しているような瞬間のことでしょう。飛行機事故のあとに再現したフライトレコーダーの最後の言葉が通常何であるかはだれでも知っています。それは、あなたが車のキーを車内に残したままロックしてしまったときや会議に遅れたとき、デートを直前になってキャンセルされたときにあなたが言うであろう言葉と同じです。

多くの人の人生では、起こっていることを拒絶する感情の爆発やかんしゃくがしょっちゅう起こっています。そういう瞬間に生じる考えは何でしょうか。「絶望的だ」「彼があんなことをしなければ……」「彼女はいつも……」「私がやっていればもっとうまくできたはずなのに」。これらの考えの多くが、もしもあなたにもっと分別があれば、それが起こることがわかっていれば、あるいは覚えていれば、やっていたであろうことについてのものです。実際にやったこととは違うことをやっていれば、自分は出来事をうまくコントロールできたはずだと思うのです。「クソッ!」というのは、現実があなたの計画と違ってくるときに出る言葉です。物事はあなたの思いどおりになっていないように見えます。そしてあなたは力の限り、現実と闘おうとします。あなたにできることと言えば、悪態をついたり、石を蹴ったり、愛する人を苦しめたりすることだけであっても。

コントロールをしているのは自分だという信念にしがみつくほど、あなたの人生にはこういう瞬間が増えます。なかには、あらゆることについて現実と闘っていると言う人すらいるくらいです。それが、だれも命令を聞いてくれないのに「命令をするのは私なのだ」と考えることへの反応なのです。頭の中は戦闘状態です。

これに代わる考え方は、現実は自分の計画どおりには**ならない**ものだと思うことです。次に何が起こるかは自分にはまったくわからないということを認識するのです。そうであれば、物事が自分の思ったとおりに起こっているようなら気持ちよく驚き、そうでないときにも気持ちよく驚くのです。後者の場合には、新しい可能性が何なのかあなたにはまだわかっていないかもしれませんが、人生はすぐにそれを見せてくれます。そして、古い計画に囚われて先に進めないということもありませんし、あなたの計画や期待を超えた可能性に効率よく入っていけるのです。

一つの瞬間を選んでください。例えば、キーを車に閉じ込めてしまった。氷で滑って足の骨を折ってしまった。あなたが熱望していたデートを、キャンセルする電話があった。彼が戻ってこないことがわかった。ののしり言葉と一緒に出てくる考えを見つけてください。――「彼女は僕と別れようとしているんだ」「私の人生はもうおしまいだ」――そして、尋ねてください。「それは本当だろうか？ 絶対にそうだと言いきれるだろうか？ それを信じると、私はどうなるだろうか？ この瞬間、もしもそれを信じていなかったら、私はどんな人になるだろうか？」 それからひっくり返して、あなたが前進する新しい道を人生に示してもらいましょう。あなたがまだ見たことのない道です。しばらく練習を重ねると、あなたは電話のわきに立って四つの質問をしないですみます。問い直しがあなたの一部になって、ストレスフルな考えがあなたに影響を及ぼす前に解決してくれるのです。あなたの古い計画が不可能になったら、あなたの頭はたちまち新しい可能性で一杯になるでしょう。

あなたは仕事を休んで恋人を空港に迎えに行きます。そして、あなたは、すべての乗客が通り過ぎたあとに、まだゲートに立っています。何本か電話をかけると、あなたが彼女の帰りの飛行機の日付を間違えてメモしたということがわかります。あなたが持ってきた花束は、どうやら、たまたま近くに立っている小さな女の子のものになりそうです。家までの長い地下鉄は、今やあなたの自由時間です。あなたはいつも読みたいと思っていた小説を選びます。あなたは心を込めて準備しておいたおいしい夕食を一緒にとるために、友人を招きます。良い日です。

小さなパニックと苦痛は、実は、あなたが自分の頭にこのような教育をすれば消えるのです。絶望と欲求不満に使う時間はどんどん減っていきます。あなたが人生のコブにぶつかったときに起こる考えを問い直すことは、あなたの全存在の質を根本的に変えてくれるのです。

私たちはコーヒーショップを出て、車の後部座席に一緒に座ります。私は手に一杯の熱いコーヒーを持って。夫は私が車に乗るのを助けてくれ、私に微笑み、重いリュックサックを私の隣におろし、そして私がコーヒーを持っていた手にぶつかります。コーヒーは私の膝と手にこぼれます。熱い！　私が仕事のためにきれいな洋服は、今やしみがついて濡れています（仕事の会場まではそこから二時間かかるのですが、遅れていたので急いでいました）。私は静かにしたまま、火傷をしたびしょびしょの足と手と指に、クリームと低カロリー甘味料のネバネバした感じがするのに気づきます。でも大丈夫です。現実は、私は完全に大丈夫だということです。私は水ぶくれができるか様子を見ていますが、できません。

彼は「ごめんね」と言います。彼はショックを受けたようです。私は「彼は私が熱いコーヒーを持っているのを知っていたのに」という考えに気づきます。そして、私がその考えを信じると、そこから怒りがどっと出てくるということを理解します。それに気づくと、その考えは直ちに、そしてやさしく、もといた場所に戻って見えなくなっていきます。私はまた、そう考えると、良いジョークを聞いたときと同じ軽い微笑が浮かぶことにも気づきます（私がコーヒーを買ったときに一緒にいたからと言って、彼がリュックサックを下ろした瞬間に私のコーヒーに気づいていたということを知ることはできませんからね）。「彼は私がコーヒーを手に持っているということを覚えているべきだった」。いいえ、それは本当のことではありません。私自身も、自分が覚えていないことは、覚えていないのですから。それは不可能なのです。「彼は思いやりがない」。どうしてそういえるのでしょうか。それに、なんてばかげているんでしょう！　彼の人生は思いやりそのものなのに。そもそも思いやっていないその瞬間に、思いやることなどできますか。これも、不可能なのです。

車を進めていくうちに、私の頭は時折あの一件についてコメントをしようとしますが、怒ったり、悩んだり、攻撃したり、彼から気持ちが離れたりする正当な理由は一つも見つかりません。濡れたところをティッシュペーパーで拭いてしまうと、あとは、美しい春の日のニューイングランドの景色を楽しみ、夫の手を握りながら──もう手には何も持っていないのですから──コーヒーがこぼれたことについて冗談を言い、微笑み、(私の意見では)とても気持ちの良い旅を続けるだけです。

予期せぬことがなぜ私たちに起こるのか、その美しい理由に気づくと、人生は不可解なものではなくなる。「この予期せぬ出来事が、私に起こったのではなく、私のために起こった本当の理由を考えてみる」というのはゲームではない。それは、エクササイズなのだ。それは、あなた自身を現実(つまり物事の性質のやさしさ)に引き戻す方法なのだ。

❖「これがまさに私の必要としていたものだ」──あなたの必要を満たすための直線ルート

自分が人間関係の中で必要だと思っていることにすっかり夢中になるのは簡単です。「君は僕から見えるところに座る必要がある。君が何を考えているのかを僕に話す必要がある。本当のことを僕に教える必要がある。僕と絶対に別れないこと。僕を信じること。遅刻しないこと。約束を守ること。微笑むこと。人の前で僕の手を握ること。もっと外交的になること。僕の話を聞くこと。僕に気持ちを向けること。僕を助けること。僕と結婚すること。僕と一緒に住むこと。僕と一緒に寝ること。君のお金を僕にくれること。僕を大切にすること。僕の言うことに賛成すること。自分は間違っているということがわかること。僕が一人になりたいときがいつかをわかること。言われなくても僕の必要としていることがわかること。あまり繊細にならないこと。もっと繊細になること。僕が嫌いな人に愛想よくするのをやめること。僕の友だちにもっとやさしくすること。音楽を変えること。僕を愛すること」。

今では、これらの必要はおなじみですね。そして、自分は必要を満たしてもらう資格があると信じているのに、そうならないようなとき、それが人生にどんな影響を及ぼすかということもわかっていますね。その結果は、孤立感、欲求不満、憤りに満ちた絶望的な探求なのです。あなたは自分がこの瞬間に本当に必要としているものは何かを自分自身に尋ねる四つの質問の使い方を見てきました。

あなたの必要を理解する直線ルートがあります。直線ルートは、ただ試してみればよいものです。試す心の準備ができたら、一安心です。とても長い旅から家に帰ってくるようなものです。まだ心の準備ができていないのであれば、自分にとてもやさしくしてあげてください。自分が必要だと思うものに忠実でいてください。必要が苦痛になったら、問い直しをしてください。そしてそれでもそれが真実だと思うのなら、それを頼んでください。「あなたが私の誕生日を覚えていて電話をしてくれることが必要なの。電子手帳にそれを書いておいてちょうだい」というように。これは、その瞬間にあなたの誠実さを生きるということです。

直線ルートというのは、「現実」に、あなたが何を必要とするかのガイドになってもらうことです。「私が必要とするものは、私が持っているものだ」となるように。これは、信じるべきものではありません。あなたが信じようと信じまいと、現在、物事はそうなっているということなのです。

いつあなたは人を必要としないか、どうすればわかりますか？　人があなたの人生にいないときです。いつ人が必要かわかりますか？　人があなたの人生に**いる**ときです。あなたの好きな人が来たり去ったりすることをコントロールすることはできません。あなたに**できる**ことは、その人が来ようが去ろうが良い人生を送ることです。あなたはその人を招くことはできます、そして相手は来るかもしれないし来ないかもしれません。結果がどうであろうと、それがあなたが必要としているものなのです。現実がその証拠です。

立ち上がる必要がないということがどうしてわかりますか？　あなたは座っているからです。こうすると人生はずっとシンプルになります。何かをする必要があるときはどうやってわかりますか？　それをするときです。やっていないときに、それをする必要があると考えるのは嘘です。そう考えると、あなたは、不快になって、恥や罪悪感や欲求不満で一杯になります。ベッドに横になって、「起きる必要がある」という考えで自分自身を叱り、起きないとします。でも真実は、あなたは起きる必要がないということです。あなたが実際に起きるまでは。

何かをする必要があるという考えで自分を動機づけようとしたのに、何もしないで終わっていませんか？これはおもしろい発見になるでしょう。「それをやる必要がある」というのはただの考えです。ひっくり返しバージョンの効果を試してください。つまり、「それをやる必要はない」と考え、やる必要があるのは、あなたが実際にそれをやるときだけだということに気づいてください。これは素晴らしい実験です。小さいものから始めましょう。自分が起きているということに気づくまで、安らかな気持ちでベッドに横になり、悩まずにいる、というようなことから。

決断をする必要があると思いますか？　その必要はありません——決断をするまでは。その後、あなたは実は決断をする必要はなかったのだということに気づくかもしれません。決断はおのずとなされたのです。ちょうどよい時間、つまり、あなたが必要な情報をすべて手にした瞬間に（必要な情報を手にしたということがどうしてわかるのでしょうか？　決断がおのずとなされたからです）。

直線ルートをとれば、あなたは目の前で起こっていることを必要とし愛するようになります。そして、あなたの目の前のことは、広がっていって、**いっぱい**という言葉では収まりきれないほどになるのです。


私はあるがままを愛している。私がスピリチュアルな人間だからではなく、現実と争うと苦しいからだ。この世のどんな考えも、現実を変えることはできない。現実は現実だ。私が必要とするものは、すべてここにある。私が必要だと考えているものは実は必要ないのだ。どうしてだろう？　それは私がそれをもっていないからだ。だから、私が必要とするものは逆に、すべていつでも手に入るということだ。

クリスマスが必要

これは、あなたがもっているものを必要とする一つの例です。

私たちはカリブ海でクリスマスを過ごしている。素晴らしいときを過ごすためには完璧な場所だと思われているところだ。クリスマスの日、家族で夕食をとるために出発する。夫は、ゴルフ仲間が所有している高級な店を探そうとしている。私はクリスマスにふさわしいところを探そうとしている。それで私たちの息子は？

楽しいことなら何でも。私たちは、コズメルの、不気味に静かな、暗くなってきている道をさまよう。私は息子を急がせる。息子は、店のショーウィンドーにあるクリスマスの青や紫の電球を数えようと、すぐに止まってしまうから。先頭の夫は、ぐるぐると何度も同じところを歩いている。友だちの店を探そうとしているのだ。私は二人にイライラして、クリスマスを見つける希望を失いつつある。

私たちの使命はいずれも果たされないまま、空腹で機嫌の悪い家族は、安いピザ屋に入る。私は汚いテーブルの前のプラスチックの椅子に座り、すっかりがっかりしている。私たちは、MTVのメキシコ版をうるさく鳴らしているテレビをぼんやりと眺めながら、ピザを待つ。

私は「これは私が必要としていたクリスマスのディナーではない」という考えを抱きながら、そこに座っている。その間、夫と息子はスペイン語の流行歌を台無しにしているテレビのショーに興味をもちはじめる。彼らは笑いはじめ、彼らのばかばかしさが私にも伝染してくる。ピザがくる。熱くておいしい。私はもう、自分の考えにしがみついていることができない。そして、**これが私が必要としていたクリスマスのディナーだ。まさにこれなのだ。**という考えがやって来る。私はこれ以上に自分を幸せにしてくれるものはなかっただろうということに気づく。

❖ 私は今、だれのやるべきことをしているのだろうか？

だれか別の人がやるべきことにあなたが踏み込んでしまうと、混乱するし苦しいものです。あなたが踏み込んだのが、愛する人のやるべきことである場合には特にそうです。多くの場合、あなたは気づかずにそれをしているものです。だれか別の人が考えていることや感じていることを推測するとき、また、その人にとって何が良くて何が悪いかをあなたがわかっていると思うときはいつも、あなたは自分がやるべきことからはみ出して他人がやるべきことに踏み込んでいるのです。

例えば、あなたのパートナーの機嫌が悪く、あなたを避けているように見えるとします。彼女は会話をすぐにやめてしまうし、あなたにガミガミ言います。何が問題なのかと尋ねると、彼女は、それについては話したくないと言い、一人で過ごす時間が必要だと言います。精神的に彼女のやるべきことをあなたがするというのは、彼女は何を考えているのだろうかと心配することを意味します。彼女が何を考えたり感じたりしているか、知ることができますか。できませんね。そして、知ることができると信じたとき、あなたはどのように反応しますか。あなたはそれについての仮説を作るのです。彼女は僕に腹を立てているのだ。彼女は僕を本当に愛しているわけではないのだ。僕は何か悪いことをしたのだ、というふうに。

彼女についてのそういった考えで自分を怖がらせているときに、あなたは自分をどのように扱いますか。あなたは自分自身の人生を保留にしてしまうのです。彼女が自分の人生を生き、そして、あなたも彼女の人生を（精神的に）生きてしまったら、あなたの人生を生きる人はいませんね。あなたは自分自身を粗末にして、自分が楽しむ活動を脇においてしまうのです。あなたは一人ぼっちで寂しいと感じ、彼女がその原因だと思うのです。

彼女についてあなたが作った仮説のどれかを信じると、たやすくそれに従って行動してしまうでしょう。あなたは彼女からの説明を求めるかもしれません。彼女は自分が一人になりたいということをはっきりと言ったのですが、あなたにとっては自分の仮説の正しさを確かめることのほうが重要なのです。なぜそう思ってしまうのでしょうか。あなたは苦しんできた。そして、あなたはとても混乱しているので、彼女がその苦しみの原因であるということを信じてしまう。だから、自分には彼女から説明を求める資格があると感じるのです。こうなると、あなたは文字通り、物理的にも、彼女のやるべきことに踏み込んでいます。彼女はあなたが踏み込んできたことに怒り、あなたと口をきくのを拒否します。あなたの頭の中では、疑念は強まるだけです。これが、他人のやるべきことをやってしまう人生の拷問なのです。そしてひとたび気づいてみると、自分がほとんどの時間、他人の領域で生きているということを発見するかもしれません。

自分自身のやるべきことにとどまるというのはどういう意味でしょうか。この瞬間、「彼女が考えていることを知ることができる、あるいは知る必要がある」という思い込みがなければ、自分はどんな人になるだろうかと自分に尋ねてみましょう。そうすれば、あなたは自分自身の人生を生き、彼女も自分自身の人生を生きられるようになります。すると、自分自身の人生とは何なのかを、おそらくまったく初めて、知ることができるでしょう。

あなたが自分自身に対して、そしてほかのすべての人に対してできる最も愛のある行動の一つは、「たった今、この瞬間、私はだれのやるべきことをやっているのだろうか」という質問をすることです。例えば、「彼女がなぜ困っているかというのは、だれが考えるべきことだろうか」。答えは、明らかに、「彼女」ということになります。「私が何を感じているか、私が愛されていると感じているかどうかは、だれが考えるべきことだろうか」。明らかに、「私」です。

相手のやるべきことから精神的に出て行ってあげることほど、愛のあることはありません。彼は何をやるべきか、彼は何を感じるべきか、彼はだれを愛するべきか、彼はあなたのことをどう思うべきか——これらはすべて、彼がやるべきことで、あなたではありません。あなたがこれを理解すれば、そしてだれかがあなたに、暗に、あるいは口に出して、「余計なお世話はやめて」「私を一人にして」ということを言ってくれれば、あなたはそれをよいアドバイスとして聞くことができます。愛として聞くことができるのです。

他人の気持ちが作られる心の内面に、本当に入りたいですか？　彼の考えをコントロールしたいですか？　荒々しく入り込んで、**あなた**が彼にもってほしい考えや気持ちを押し込みたいですか？　愛する人があなたについて何を考えているかということが怖ければ、あなたの心の内面に入って、自分自身の考えをチェックする時です。

あなたとパートナーが物理的にどれほど近くても、あなたたちは別々の世界に生きているのです。そして、そこには素晴らしい美しさがあります。あなたが一緒にいる、未知だけれども馴染みのある人の美しさです。パートナーについてのあなたの仮説を信じるのをやめれば、自分自身の人生の現実に戻ることができます。あなたは、しっかりとした場所に立って、彼女の気持ちが作られるプライベートな場所に入り込みたいという衝動をまったくもたずに、彼女を深く評価することができます。彼女が本当はどういう人かを見られるようになります。心の底から彼女を愛し、お返しに何も求めなくなります。彼女の心に立ち入らず、彼女を操作したりコントロールしたりするのをやめれば、あなたは今まで想像しただれよりも素晴らしい人に出会えますよ。

第9章

結婚が変わる

カップルの両方が問い直しをすれば、その効果は奇跡的なほどです。コミュニケーションはすべてをオープンにし、秘密がなくなります。どちらか片方が相手についてワークをするだけでも、結婚を劇的に変えるでしょう。でも、カップルの両方がやれば、その効果は倍以上になります。

一つの例をお話ししましょう。カップルの両方が相手についてワークシートを書き、それぞれが順番に声に出して読みます。「ジョン、私はあなたに腹を立てている。あなたがゴミを出さなかったので、台所は昨日の夕食のにおいがするから。ジョン、私はあなたに、約束を守ってほしい。ジョン、私のことを考えて、私のつわりと妊娠のことを考えてほしい。ジョン、あなたはそんなに自分勝手に時間を使うべきではない。ジョン、あなたのお腹の中にこの赤ちゃんをしばらくの間入れて、朝、前の日の夕食のにおいをかいだときに、気分が悪くなって吐いてしまうのがどんな感じかを知ってほしい。ジョン、あなたは思いやりがなく、忘れっぽく、不親切で、でも、今の瞬間にはとても素敵だ」。

ジョンの仕事は、聞くことです。彼女の目を見て、彼女の言葉を受け入れ、彼女の言い分で正しいことを見つけられるかどうかを考えることです。防衛的になることもなく、相手をさえぎることもなく、自己を正当化することもなく。彼女が読むのを終えて、彼がそれを受け入れたら、彼女の目を見て、ただ「ありがとう」と言います。それから、役割を入れ替えて、彼が彼女にワークシートを読むのです。ワークシートの文章を問い直さなくても、この種のコミュニケーションは、それぞれが相手の気持ちを聞きたいと本気で思えば素晴らしい癒しにつながります。ワークをする必要はありません。ただ、聞くことに心を開けばよいのです。

もちろん、お互いにワークの質問をし合いながら続けていけば、この経験はずっと強力になります。それぞれが相手の中に見出して嫌っていた欠点に見えるものは、結局、それぞれが感じている痛みなのです。ストレスフルな考えが問い直されひっくり返されれば、彼女の役に立つし、彼の役に立つし、すべての秘密がオープンになるのです。憶測はもう必要なくなります。そして、憶測がなされたとしても、それは相手のためになる憶測です。そのような憶測はうまくいくだけでなく、親切で愛があるように感じられるものです。このような家庭では、あらゆる瞬間にあるがままを愛そうとするようになり、葛藤がなくなります。結局は、愛の力なのです。

夫婦が生活に問い直しを持ち込んだら、現実の生活はどうなるでしょうか。この章では、結婚生活が、失望と混乱から、問い直しを通して、いかにしてわかりやすい愛へと変わるかを見ていきます。以下のストーリーは、プラハに住む若い夫婦についてのものです。夫婦の両方が、自分の考えを問い直すためにワークをします。一人ずつ、そして、一緒に。これは、妻の話です。

私たちの結婚は混乱していて、しょっちゅう喧嘩をするので、夫婦で別々に過ごす時間がどんどん増えていました――ほとんどすべての会話が喧嘩になってしまうのです。私は毎日傷ついて失望していました。今でも自分の痛みについて書くことはできますが、記憶を掘り起こして書かなければなりません。なぜなら、私はそのあと問い直しを見つけたからです。夫との苦しい喧嘩は、そのあとは起こらなくなりました。おかしくないですか？　物事がとても早く変化したので、私たちは二人ともショックを受けました。それがどんなふうだったかということを説明するいちばんの方法は、私がやった問い直しのいくつかと、それがどんなふうにすべてを変えたかをお話しすることだと思います。

私の要求の多さが苦しみを引き起こしていたので、「夫の愛が必要だ」という考えを問い直してみました。私はその考えが正しいかどうかを見てみることすらしていませんでした。とてもできなかったのです。私はただ結論についての質問に移るだけでした。

「夫の愛が必要だ」――この考えを信じたときに、私はどうなるでしょうか。もちろん、その考えを信じて、夫が私に微笑みかけてくれれば、何の問題もありません。でも、夫が忙しいとか、ストレスを抱えているとか、出張しているとかで夫と話ができないときに「夫の愛が必要だ」と信じると、私はむなしく感じて胃がしめつけられるのです。次に、彼に電話をして、それでもつながらないと、私の考えはコントロール不能の状態になります。「どうして彼と話ができないの？　彼に何か起こったの？　彼は私に本当のことを話しているの？」というように。ここには、「彼にはデリカシーがない。彼は私がいつ電話をしてほしいと思うかわかっているべきだ」というような決めつけが混じっています。一時間もたつと、私はパニックになって「私は結婚相手を間違えた。彼は私のことを思いやっていない。彼は私が必要としているときに電話をかけてきたことがない」と考えるのです。

夜になって夫が電話をかけてくると、私は彼を敵側の証人のように扱い、反対尋問をします。本当は彼が「愛しているよ」と言ってくれるのを待っているのですが、それを言いません。そして、「愛しているよ」という言葉が出なければ、私は、彼の異常で思いやりのない行動にはもううんざりで、こんなふうではやっていけないと言います。喧嘩が終わると、私は悲しくなり、彼と自分自身への怒りを感じ、頭痛がしてまたタバコを吸いはじめてしまうのです。眠る代わりに、私の頭は、彼が言ったすべてのことを繰り返し、私が知っているほかのことと比較し、矛盾がないかを探します。朝には、また彼に電話することが必要になっています。

夫が家にいて、機嫌が良くなかったり、何か別のことで忙しかったりするときに、彼の愛が必要だと私が信じていると、私はまずは彼の機嫌をとろうとして、それから、彼が忙しいと言ったとしても、彼と話そうとします。それがうまくいかないと、私はがっかりして、彼のじゃまをして、あなたは家にいても忙しいのね、私たちの関係のための時間がもっと必要だわ、と言います。そして、過去に彼が私を傷つけたときのことを思い出させます。

ひどくなると、彼と口をきくのも、一緒に寝るのもやめます。そして、彼が家に帰ってくると外出します。料理を作って一緒に食べるのをやめ、家事をやめ、彼の洋服も洗わず、だれから電話があったかを彼に伝えるのも「忘れて」しまいます。すべてが、絶望的に悲しく寂しく感じられます。「私は結局は母のように一人になってしまうだろう」と考えます。「私は彼と結婚すべきではなかった。私たちは離婚に向かっている。私と結婚したがっていたもう一人の人——あの人を選ぶべきだった」。私は夫についてどんな細かいこともすべて批判しました。時々、私は操作が行き過ぎて病気にもなりました。私が子どものときにはそれはうまくいって、周りの人がやさしくなったので、夫でも試してみようと思ったのです。私は自分の正しさを主張することで疲れきっていましたが、それでも喧嘩をエスカレートさせつづけました。

夫の愛が必要で、それがなければ生きることもできないという考えをとても強く信じていたので、私の嫉妬は結婚生活の中で非常に大きな問題でした。私は夫と一緒の外出をほとんどしませんでした。彼がほかの女性と一緒に笑ったり楽しんだりするとひどい気持ちになったからです。性的な意味ではなく、ただしゃべったり、ときには軽く抱きしめたりする程度ですが。そして、思いきってパーティーに出かけると、帰りには喧嘩をしながら帰ってきたものです。ついには、喧嘩は何日も続くようになり、私たちはそれをとても、とても深刻にとらえていました。自分たちは死ぬまで喧嘩を続けるように感じられたのです。

最初に言いましたが、私はこれらのすべてを記憶を掘り起こして書きました。以上が、「『夫の愛が必要だ』という考えを信じたときに、私はどうなるだろうか」という質問をしたときの私の答えです。それから、問い直しが素晴らしい贈り物のように現れ、私の結婚は完全に変わったのです。ほかにもあります。それは、運良く、夫と私が一緒にワークをやりはじめたということです。問い直しは最初から私たちには理にかなったものでしたが、ここまで幸せな結婚生活に到達できたということに今でも驚いています。私たちは、それがどのように起こったかを知っていますが、それが起こったという**ことに**驚くことがあります。

喧嘩や嫉妬が極端になったときに、私は自分の考えを真剣に問い直しはじめました。「それは本当ですか?」と尋ねたのです。最初に、私は、夫が美しい女性に微笑んだり話をしたりしたときに起こったことを調べました。私は、それが何を意味するかを自分は知っていると思っていました。問い直しをすると、最初に驚いたのは、私は自分の考えが正しいかどうかを確信することができないということでした。私は次のような考えをもっていました。

「彼は私と別れるだろう」
「彼は彼女と恋に落ちるだろう」
「彼女は私よりも素敵で、知的で、若く、美しい」
「彼は私には関心がない」
「彼は私のことなど忘れてしまった」

「私は年をとりすぎていて、愛されない」
「彼は皆の前で私に恥をかかせている」
「彼は本当に思いやりがなく、忠誠心がなく、私にまた嘘をついている」
「私はいつも男性を見る目がない」
「私の結婚は茶番だ」
「これを我慢するなんて、私はバカだ」
「愛はいつでも悲しみにつながる」

これらの苦しい、苦しい考えが、自分自身を苦しめる**私の**やり方であって、それまで私が信じてきたように、私を苦しめる彼のやり方ではないということに気づきました。それに気づいて、本当にびっくりしました！　これらの考えは、わかりきったことだと思っていたのです。この何年もの間、どうして私はこんなに間違ったままでいられたのでしょう。そして、彼はそれでも私のそばにいるのです！　私が彼について考えていたことが正しかったら、どうしてそんなことが可能でしょうか。物事を見る目がまったく変わりました。

それで、その後、私は彼と一緒にいろいろなところに行くようになりました。私は「彼がほかの女性と楽しんでいるところを二度と見たくない」というような考えを問い直し、「彼がほかの女性と楽しんでいるところを見るのを楽しみにしている」とひっくり返しました。そして、次にそれが起こったときには、私の気持ちは違っていました。彼がほかの女性と話しはじめると、私はそこに行って会話に加わり、楽しみました。以前だったら、私は逃げていました。そして**彼が私を**置いていったので寂しいのだと信じていました。

もちろん、すべてが一度ですんだわけではありません。でも、あるパーティーであの古い気持ちがよみがえってきたときには、私はトイレに行ってノートを出しました。その場で、私は自分の考えを書き出して問い直しました。自分のやるべきこと——つまり、彼ではなく**私の**考えを見つめること——に戻ったとき、私の気分は直ちに良くなりました。彼が心配して私を探しに来たときには、私は、「『彼はたった今知り合ったこの女性のために私と別れるだろう』——それは本当?」というような質問に対して大笑いしていたものでした。以前は私にたくさんの怒りと悲しみをもたらしていたばかばかしい思い込みは、突如として、笑い飛ばせる冗談以上の何物でもなくなっていたのです。

夫がいなくて話ができないときにも、同じことが起こりました。私は再び、必要を強く感じて、問い直しを始めました。「『彼は事故に遭った。彼はけがをしている。彼は死ぬだろう』『私たちは二度と会えないだろう』『私の人生はもうおしまいだろう』——それが本当だと、絶対に言いきれるだろうか?」と。それだけでも、心に平和をもたらします。自分に質問をすると、考えがほぐれていきます。いくつかの思い込みは消えてしまい、消えたことにすら気づきません。以前だったら終わりのない問題を生み出していたような状況でも、あの古い考えが起こってこないということに気づくだけです。何度も問い直さなければならない考えもありました。新しい変形バージョンが出てくるからです。「私はあまり良い人間ではない」「愛はいつでも痛みをもたらす」「人は私を理解するべきだ」「人は約束を守るべきだ」「私はあるがままでは愛されない」「幸せな時間というのは、ただ黙っていてもやって来ない。一分一秒を努力して手に入れなければならないものだ」——というようなものです。今ではばかげて見えますが。

私たちは問い直しを一年間やってきましたが、私たちの結婚は、すっかり変わりました。私たちは、お互いを、穏やかに、安らかに、評価しています。相手についての問題があれば、私たちは別々の部屋に行って考えを書き出します。それから、お互いに助け合って問い直しをします。それはとてもおもしろいのです! 以前だったら危機を起こしていた、別れたくなるほど苦しい考えが、今では、三〇分間の問い直しのあとには夏の空の雲のように過ぎ去ってしまうのです。そして、誤解を問い直すごとに、相手に重ね合わせていた思い込みが明らかになるごとに、愛が育っていくのです。私たちは、実際に、いやな気持ちを楽しみにしているのです！

そして、私たちの関係の中には、今では、いやな気持ちはあまりありません。問い直しをすれば、それらは私たちがどこで愛と理解の道を踏みはずしてしまったかを教えてくれているだけなのだということがわかります。

私は今では自分が犠牲者でないことがわかります。「夫の愛が必要だ」――それは本当ですか？　どうして本当であり得るのでしょうか。私の人生、私の健康、私の気持ち、そして私の幸せに責任をもっているのは私だけなのです。私の「欲しがり」がなくなると、残ったのは愛でした。問い直しは私にとって単なるツール以上のものでした。それは、喜びと理解への道だったのです。

許しというのは、起こったと思ったことは起こらなかった、つまり、許すべきことなど何もなかったのだということを発見することだ。ひどいことのように見えるものは、一度それを問い直してみると変わる。問い直されていない思い込み以上に、ひどいものはない。だから、苦しいときには、問い直し、自分の考えを見つめ、自分を自由にし、子どもになろう。何も知らないまま、自由でいよう。

第10章

愛すべきでないものは？　まさか自分？

自分自身の愛を得ようとすることは、他人の愛を求めるのと同じくらい苦しいものです。そして、その結果は、同じく、不満足なものです。そして、求めるのをやめることは、同じように効果があります。自分自身についての問い直されていない考えを誠実に問い直すことができれば、愛はちゃんと生まれてくるのです。苦しい人間関係（配偶者、母親、職場のだれかなど）についての問い直しはすべて、ストレスは自分自身の考えによって引き起こされたということをいつも教えてくれます。問題なのは他人ではないのです。それはあり得ません。そして、ひっくり返しをすると、苦しい考えの反対が、同じくらい正しいか、もっと正しいということがわかります。どこかの時点で、あなたは「私は自分自身に忠実であるべきだ」「私は自分自身を理解するべきだ」、そして究極的には「私は自分自身を愛するべきだ」というような文章に到達します。

これはあなたにとっては耳新しいことではないかもしれません。ほとんどの人が、友人や、家族や、人生相談助言コラムニストから、自分自身を愛するべきだと言われたことがあるでしょう。でも、どうしたらできるのでしょうか。ひっくり返しを生きることなんてできないように見えるという事実ですら、自分を苦しめることがあるのです。「私の何が問題なのだろう？　なぜ私は自分を愛せないのだろう？」　このプロセスを強制することはできません。できるのは、問い直して、何が真実かを見つけることだけです。

自分の苦しい考えを読み解いていないのであれば、バブルバスに行って、ろうそくに火をつけ、ポジティブアファーメーション［訳注：自分に言い聞かせるポジティブな言葉］を唱え、あらゆる方法で自分自身を甘やかしても、ひとたびバスタブから出ると、同じ考えが戻ってきてあなたに取りつくのです。そういうやり方はまるで、たぶらかしみたいなものです。たぶらかそうとしている相手が自分だというだけです。

この章は、自分自身をたぶらかしたりだましたりするためのものではありません。ちょうどその反対です。だまされているあなたを救うためのものです。他人を愛することの妨げになるのは、自分の思い込みを信じるということだけです。そして、あなたは、自分自身を愛するうえでもそれが唯一の障害物だということを理解するようになるでしょう。結局は自分にとって真実でないかもしれない信念を発見するために、あなたはいくつかのとてもプライベートな質問を自分自身にする必要があります。恥ずかしく思っていることは何ですか？　（もう憤っているべきではないと思っているのに）今でも憤っている相手はだれですか？　あなた自身をまだ許せないことは何ですか？

この問い直しは操作ではありません。真実への愛のために、あなた自身の中に入っていって、あなた自身の答えを見つけるのです。自分自身を愛するのに苦労するようなら、ワークはまだ終わっていません。

❖ 自分を愛することを妨げるもの

あなたが最も恥ずかしいと思っていること

スタート地点にふさわしいのは、あなたが最も恥ずかしいと思っていることです。これは明らかにするのに少し時間がかかるかもしれません。私たちは恥ずかしく思うものを隠し立てするあまり、自分にさえ隠そうとするからです。私たちは、自分がいかにひどいか、自分がやったことがいかに許されないことかを考えつづけているのに、それを隠すことで自分を尊重しているふりをしているのです。秘密は〝問い直し〟を大いに必要としています。隠れていたら自由になれないのです。そして、ついには、自分が恥ずかしいと思っていたことが、人に与えられる最高の贈り物に変わるのです。

自分がくぐり抜けてきたことを、そしてそれを実際にどうやったのかを正直に教えてくれる人たちのことを、私たちは尊敬します。大変な困難を開かれた心でくぐり抜けてきた人に出会うと、私たちはその人の真実に惹きつけられます。そしてその人は、私たち自身の真実を見つけるのを助けてくれるのです。

自分がくぐり抜けてきたことを直視して、否認を終わらせても大丈夫だということを私はお示ししたいと思います――他人に与えることのできる素晴らしい贈り物をあなたがもっているということを発見するためだけにでも。私もかつては秘密をもっていました。特に自分自身に隠していました。そして、自分自身の中に見つけたものは、今では人に与えられる贈り物です。私は、自分が隠していることを発見されるのではないかとびくびくせずに、どこにでも出かけられます。私は、だれとでも苦しい思い込みの話を一緒にすることができます。なぜなら、自分自身がそうした思い込みによってどん底まで行ったことがあるからです。私はそれらを問い直し、夢のように消えてしまうところを見てきました。怪物の目をまっすぐに見たところ、それは、私の愛を求めている子どもにすぎなかったのです。自分のいとしい人生以外に、価値のあるものを何かもっているでしょうか。かつて、私は苦しみで頭がおかしくなっていました。その私がこのエクササイズをすることができたのですから、あなたにもきっとできます。

エクササイズ「いちばん恥ずかしい」

ここからのステップはゆっくりとやってください。このエクササイズを始めるのは難しいかもしれません。書いたものを見る必要があるのは自分だけなのだということを忘れないでください。これは自分のためにやることです。ですから、できるだけ正直に、恐れずにやってください。あなたは自由の次なる段階へと踏み出そうとしているのです。

ステップ1

「私が最も恥ずかしく思っているのは〔　　〕」で始まる、短く、単純な文章を書いてください。例えば、「私が最も恥ずかしく思っているのは、子どもたちを見捨てたことだ」のように。

ステップ2

これが何を意味するか、あなたの考えを書いてください。例えば、「私は子どもたちを見捨てた。**そして、**

それが意味するのは私がひどい母親だということ。子どもたちは絶対に私を許さないということ。人がそれに気づいたら、ぞっとして、二度と私と関わろうとしないだろうということ。私の子どもたちがひどい親になって、その傷は永遠に残るだろうということ」。あなた自身のリストを作ってください。

ステップ3

あなたのリストのそれぞれの「意味」を、一つずつ問い直します。例えば、「私はひどい母親だ」。自分自身に、「それは本当だろうか？ それが本当だと、絶対に言いきれるだろうか？ その考えを信じたときに、私はどうなるだろうか？ その考えがなければ、私はどんな人になるだろうか？」と尋ねてください。それから、ひっくり返しをしましょう。

この最初の「意味」の問い直しを徹底的にやったら、ほかの項目へと続けましょう。「子どもたちは絶対に私を許さないだろう」――それは本当ですか？ というふうに。

あなた自身に、自分自身の真実を尋ねてください。それぞれの質問を、深い瞑想として扱ってください。質問をして、それから心の答えが表面に現れてくるのをやさしく待ちましょう。

時間をかけてやってください。あなたがもう答えを知っていると思わないでください。あなたがこの考えを今までに何百回も考えたとしても。あなたが何年も信じてきた答えは、たった今のあなたにとっては真実でないかもしれません。そして、今日の答えは、あなたを驚かせて、ショックすら与えるかもしれません。あなたにとって真実の答えを見つけてください――それが何であっても、そして人があなたを非難するに違いないと思っても。

ひっくり返しが難しく思えても、反対の文章がもとと同じか、それ以上に真実だという理由を三つ見つけてください。どんなにささやかなものであってもかまいません。例えば、「私はひどい母親では**ない**。なぜなら、子どもたちが病気のときに世話をした。私は子どもたちがいつも食べるのに困らないようにした。そして、子どもたちの誕生日を覚えていた」というふうに。

最も暗い秘密を問い直してひっくり返すと、それが意味すると思っていたことが、必ずしもすべて正しいわけではないということを発見します。このプロセスによって、あなたの頭は、あなたに別の真実を与えられるようになります。それは、あなたが本来もっているやさしさを明らかにする真実です。自分自身に隠すことが必要なものは何もありません。あなたを自由にしてくれるのは、真実なのです。

もう一つの恥のエクササイズ「私について、あなたに知ってほしくないこと」

私たちのほとんどが、自分について人に知ってほしくないと思っていることの長いリストを心の中にもっています。それらの考えを問い直したらどうなるでしょうか。

ステップ1

特定のだれか（妻、母親、子ども）に、あるいは、全人類にさえ、自分について知られたくないと考えているもののリストを作ってください。

これが、ある女性のリストの例です。

私が自分についてあなたに知ってほしくないこと——私の本当の年齢は四五歳で、本当の体重は一六〇ポンド（約七三キロ）。私は二回の中絶歴がある。あなたのことを気にかけていると言ったのは嘘だった。私は実は安全のためにあなたと結婚した。あなたの知らないところで、三回、ほかの人と関係をもった。私はあなたを心の底から愛したことは一度もない。私はほとんどいつもオーガズムのふりをしている。私は税金をごまかし、ごまかしていないと嘘をつく。私は木がきれいだとは思わず、ほかの人たちが「なんて木がきれいなんだろう」と言うと不安になる。私はだれのことも好きだと思わないことが多く、好きなふりをする。なぜなら、私が正直になると、人は私のことをとんでもない人間だと思うだろうから。私はあなたが見ていないときにクッキーを食べ、食べていないと嘘をつく。私はあなたから食べ物を隠す。私はたくさん食べたあとには時々吐く。私は運転するときにスピードを出しすぎる。私はこの国で投票することは時間の無駄だと思う。どちらの党が勝っても、どうせ、お金持ちと大きな会社がすべてをコントロールするのだと思う。

ステップ2

ひっくり返しましょう。あなたのリストをもう一度読んでください。ただ、今度は「私が自分についてあなたに知って**ほしい**ことは……」と始めてください（あなたは、考えている相手にこれを話す必要はありません。でも、それを自分自身で経験してください。もとのリストと同じくらい本当か、それ以上に本当のことがあるかを発見してください。可能であれば、だれか別の人に声を出してリストを読んでください。自己防衛も正当化もしないで）。

以下が、先ほどの女性が書いたことです。

私が自分についてあなたに知って**ほしい**こと――私の本当の年齢は四五歳で、本当の体重は一六〇ポンド（約七三キロ）。私は二回の中絶歴がある。あなたのことを気にかけていると言ったのは嘘だった。私は実は安全のためにあなたと結婚した。あなたの知らないところで、三回、ほかの人と関係をもった。私はあなたを心の底から愛したことは一度もない。私はほとんどいつもオーガズムのふりをしている。私は税金をごまかしていないと嘘をつく。私は木がきれいだとは思わず、ほかの人たちが「なんて木がきれいなんだろう」と言うと不安になる。私はだれのことも好きだと思わないことが多く、好きなふりをする。なぜなら、私が正直になると、人は私のことをとんでもない人間だと思うだろうから。私はあなたが見ていないときにクッキーを食べ、食べていないと嘘をつく。私はあなたから食べ物を隠す。私はたくさん食べたあとには時々吐く。私は運転するときにスピードを出しすぎる。私はこの国で投票することは時間の無駄だと思う。どちらの党が勝っても、どうせ、お金持ちと大きな会社がすべてをコントロールするのだと思う。

私が私でいる方法は二つある。一つは、それを嫌い、もう一つは、それを愛することだ。どちらにしようか。オーケー、私は私でいよう、そして、私がすべての面で完璧だと、完璧よりもさらに素晴らしいと思えるまで、自分の考えを問い直そう。この世界ではだれかが幸せにならなければならない。じゃあ、私がそれになろう。私は絶対に手を挙げる。

エクササイズ　**謝罪の手紙**

私たちは他人を許せないとき、自分自身のことも許せていないものです。これは、なかなか納得しづらいことです。以下のエクササイズを試してみてください。

ステップ1

あなたを深く傷つけた人のことを考えてください。その人に手紙を書きます。手紙の中では、以下のことを行ってください（この手紙を自分自身に宛てて書かないでください）。

あなたがその人を傷つけるためにやったことを三つ考えてください。謝罪してください。どうすれば取り返しがつくのかを尋ねてください。それから、その人があなたにしたことで、あなたが感謝していることを三つ教えてあげてください。手紙の最後は、「愛しています」で締めくくってください――それがあなたにとって正しく感じられれば、ですが。そして、署名してください。

次に挙げるのは、サラが書いた手紙です。サラは、私の二日間強化プログラムに出た女性です。以前、彼女が離婚したあと、子どもたちは五年間、彼女との関わりを拒否しました。その五年間は、彼女の人生で最も苦しいときでした。

親愛なるトニー、ドンナ、デールへ

あの離婚前後のひどい何年間か、あなたたちのお父さんについてあんな話し方をして本当にごめんなさい。お父さんについてやさしいことを言うあなたたちを罰して本当にごめんなさい。私はあなたたちからもっと学ぶことができたはずです。あんなに心が閉ざされていて、あなたたちの言うことに耳を傾けず、あなたたちにあんなに厳しかったことを謝ります。あなたたちの目の前でお父さんとひどい喧嘩をしたこと、そしてあなたたちが泣いて喧嘩をやめてと頼んだときに怒鳴ったことを謝ります。どうすれば取り返しがつくのか、私にできることは何でも言ってください。できることは何でもします。

私は無条件の愛についてあなたたちそれぞれから多くを学びました。私があなたたちをどれほど愛のないやり方で扱ってきても、あなたたちはまだ私を愛してくれて、私を大切にしてくれて、私を好きでいてくれて、いつでも開かれた心で私を迎えてくれますね。私はあなたたちが良い親、良い叔父叔母として振る舞っているのを見るだけで、どうすれば孫と最も親しい過ごし方ができるのかを学びました。あなたたちは私にやさしさと勇気を教えてくれましたね。あなたたちは「思ったとおりのことをやりなさい」という許可をいつも私に与えてくれ、そして支えてくれますね。ありがとう、子どもたち。あなたたちのおかげで、私は愛することができます。私はあなたたちのことも、ほかの人のことも、自分ができると思った以上に愛しています。お父さんも含めてね。本当に感謝しています。

愛しています。

母より

ステップ2

あなたはこの手紙を郵送する必要はありません。対面して相手に気持ちを伝えるほうが好きな人もいるでしょう。実際に手紙を読むのではなく、自分が発見したことを相手に伝えながら。あるいは、相手の許可をとって、一緒に手紙を読む人もいます。書いてあることから逸れずに読み、そして防衛することなく聞くのです。手紙を送ることも、償いをすることもしない人もいるでしょう。あなたが何をしても、あるいは何をしなくても、人生の残りをどう過ごすかを決めているのです。

準備ができたら、できるだけ早く行動に移すことをお勧めします。反応がどうであろうと、あなたは自分自身のためにやるのだということがわかったら、行動に移してください。相手がどう反応するかは自分の考えるべきことではなく、この手紙のエクササイズは自分の人生のためにやるのであって相手のためではないということを頭においてやってください。あなたが浄化しているのは、あなたの人生なのです。それをやるのに早すぎることはありません。

ステップ3

さて、この手紙をあなた自身に向けて書いたかのように〝ひっくり返し〟をしてみてください。他人を許すことの安心感がわかるでしょう――自分の敵だと思っていた人を愛するのはなんと素晴らしいかを。この手紙をひっくり返すことも、発見と許しのためです。今度はあなた自身に対して。書いたことをひっくり返すときは辛抱強くやってください。そして、純粋で、いとしく、誤解されている自分自身を発見してください。ひっくり返しがうまく当てはまらないところは穏やかに飛ばし、当てはまっているところを見てください。この手紙をじっくりと見て、自分が書いたことがどれほど正しいかを理解してください。

次は、サラが子どもたちへの手紙をひっくり返したものです。この手紙では、**あなた**という言葉はサラ自身を意味します。

親愛なる**私自身**へ

あの離婚前後のひどい何年か、あなたの**夫**についてあんな話し方をして本当にごめんなさい。彼についてやさしいことを**考える**あなたを罰して本当にごめんなさい。私はあなたからもっと学ぶことができたはずです。あんなに心が閉ざされていて、あなたの言うことに耳を傾けず、あなたにあんなに厳しかったことを謝ります。あなたの目の前であなたの**夫**とひどい喧嘩をしたこと、そしてあなたが泣いて喧嘩をやめてと**あなた自身に**頼んだときに怒鳴ったことを謝ります。どうすれば取り返しがつくのか、私にできることは何でも言ってください。できることは何でもします。

あなたは無条件の愛について**あなた自身**から多くを学びました。**あなた**が**あなた自身**をどれほど愛のないやり方で扱ってきても、あなたはまだ**あなた**を愛してくれて、**あなた**を大切にしてくれて、**あなた**を好きでいてくれて、いつでも開かれた心で**あなた**を迎えてくれますね。私はあなたが良い親として振る舞っているのを見るだけで、どうすれば**あなたの**孫と最も親しい過ごし方ができるのかを学びました。あなたは私にやさしさと勇気を教えてくれましたね。あなたは「思ったとおりのことをやりなさい」という許可をいつも**あなた自身**に与えてくれ、そして支えてくれますね。ありがとう、**親愛なる私自身**。あなたのおかげで、**あなた**は愛することができます。**あなた**はあなたのことも、ほかの人のことも、**あなた**ができると思った以上に愛しています。あなたの**夫**も含めてね。本当に感謝しています。

愛しています。

サラより

批判と仲良くなる

あなたが本当に自由になりたいのであれば、他人からの批判は贈り物になります。何であれ批判で気持ちが傷ついたり、自分を防衛する必要をちょっとでも感じたりするようなら、あなたが自分自身について認められない、愛せない何かがあるということを意味します。これはまさに、あなたが隠したいと思っている部分なのです。あなたは愛されて理解されたいと思っていますが、その部分は困ると思っているのです。そして、今までに見てきたように、隠しごとをすると、あなたは他人からも自分からも切りはなされてしまうのです。

他人があなたについて言える最悪のことは何でしょうか。あなたがとても攻撃的だということ？　**そういうとき**があるのですか？　それなら、その人たちは正しいのですね！　では、起こりうる最悪のことは、その人たちがあなたに真実を伝えるということです。それはあなたが求めていることではないのですか？　だれかが「あなたは攻撃的だ！」と言ったら、あなたは「そうなんだ、僕もそう思うんだよ」と答えたらよいのです。そこには平和があります。あるいは、「違うよ！　君こそ攻撃的だ！」と言ってもよいのです――そして、どうなるかは、わかっていますね。

あなたに対して、あるいはあなたについて、だれが何を言おうと、あなたがストレスを感じるのであれば、その瞬間に苦しんでいるのは自分だということになります。ストレスは、自分自身の考えを問い直すときだというシグナルでもあります。批判にどのように耳を傾けてその価値を味わったらよいかをひとたび理解すれば、あなたは以下のエクササイズを贈り物として自分自身に与えたくなるでしょう。

エクササイズ　批判

ステップ1

だれかがあなたを批判して、あなたは間違っている、冷たい、はっきりしない、思いやりがない、と言ったら、それを感じてください。そこに落ち着いてください。自分自身に「それは本当だろうか？　彼女が正しいということはあり得るだろうか？　だれかの目には私がそう映るということを理解できるだろうか？」と尋ねてください。答えを待ってください。あなたがただ「知らせてくれてありがとう。あなたは正しいかもしれない」と答えられるかどうかをみてください（これを伝えるときには、声に出さなくてもよいし、あるいは実際に言葉にしてもよいです）。どんな感じがしますか？

ステップ2

批判されたあとに、自分自身に尋ねてください。「あの意見を聞いたのは、ストレスだっただろうか？」。答えがイエスであれば、批判はあなたにとって真実なのであって、あなたがまだそれに対処していないか、自分自身の痛みを理解するために十分な深さまで至っていないということを意味します。あなたを防衛的にした考えを問い直すと何が起こるか見てください。

例えば、あなたの友だちが「あなたは私の話を聞いてくれない」と言ったときに傷ついたとします。あなたを傷つけた考えは「彼女は僕を誤解している」というようなものかもしれません。彼女が誤解しているというのは本当ですか？（彼女は自分の考えを伝えているのです。それについては誤解していないはずです。）さあ、考えを問い直しましょう。

「彼女は僕を誤解している」――それは本当だろうか？　ノー。真実は、僕は時々人の話を聞かないことがあるということ。

「彼女が誤解している」ということを信じると、僕はどうなるだろうか？　すぐに頭に血が上って、不当なことで責められたと感じる。自分自身を防衛しはじめる。頭の中で彼女を攻撃する。自分自身をかわいそうだと思う。僕は聞くのをやめる。

「彼女は僕を誤解している」という考えがなければ、僕はどんな人になるだろうか？　僕は彼女の話を聞くだろう。彼女が言っていることに心を開くだろう。これは怖いな。僕は、自分自身をもっと深く見てみるだろう。

ひっくり返すと。　「彼女が僕を誤解していると思ったとき、僕は彼女を誤解している」。

認めてもらうことにエネルギーを注ぎ込むのをやめると、批判を心から迎え入れて、それを贈り物だと思えるようになります。論駁《ろんぱく》したり自分を防衛したりするのではなく。正直な、むき出しの状態でいれば、操作されるのではないか、何か都合の悪いことを見つけられてしまうのではないか、という錯覚が終わります。あなたが本当に謙虚になれば、批判があなたを傷つけることはなくなります。自分自身の経験を通して、批判は単に自分のプラスにしかならないのだということが明らかになります。このように、明快さは、人生に対して効果的に働きます。その結果、あなたは他人にも自分自身にもやさしくなれるのです。

私は意地悪だとあなたが言ったら、私は「ありがとう、そのとおりだわ。あなたが言ったとおり、いえそれ以上だわ。あなたに見えるものをすべて教えてちょうだい。そうすれば、私たち二人の力で、私はもっと自分のことをよく理解できるようになるから」。友だちというのはこういうものだ。これは誠実さと呼ばれる。人が私について言うことで、私の人生のどこかで見つけられないものはない。自分を防衛しなければという衝動を感じることが何か一つでもあったら、それこそは私の内面で発見されるのを待っている真珠なのだ。

第11章

愛に生きる

純粋な愛を見つけられるようになってくると、自分が愛だと思い込んでいたものを得るためにいかに人を操作していたかが、突然はっきりと明らかになります。それは恥ずかしいことだろうと思うかもしれません。でも実は、それはおもしろく感じられることが多く、自分自身の人間らしさを許すことは簡単なのだということがわかります。認めてもらうためにとっていた古いやり方は、今では明らかになった誤解にすぎないということに気づきます。そして、それに気づいたことに感謝できるのです。

私は、電子メールを出して、問い直しがどのように役に立ったかを尋ねました。答えがどんどん返ってきて、あっという間に五〇〇ページもになりました。読んでいくと、人が本当にいろいろなかたちで苦しんでいたのだということに心を動かされました。そして、自分の人生で起こっていると思い込んでいたことの夢から目覚めて、本当に起こっていることを見るのがどれほどの喜びだったかということに感動しました。問い直しは、長い、驚くべき旅のあとに戻ってくる魔法の国のようです。暖炉の周りに座り、乗り越えてきた危険について話し、古い友だちと一緒に笑うことのできる家です。あなたがストレスフルな考えを信じなければ、そこに残るのは愛と笑いだけなのです。

この章は、そのような返事のごく一部を引用したものです。

キスはだめよ

僕はリーナを四年間追いかけたが、何の効果もなかった。彼女のコンピュータを直し、彼女の好物だからとオニオンリングを食べ、おもしろいことを言い、どれほど彼女を求めているかを控えめに表現した。どれもうまくいかなかった。

すると、彼女と週末を共に過ごすチャンスがあった。彼女は性的な接触は一**切**だめだということをはっきり言った。僕は彼女の手を握ることも、軽く抱きしめることも、頬にキスすることも、許されなかった。何も。愛情表現をする衝動が起こるたびに、僕は何もしないようにしなければならなかった。その代わりに、僕は自分の考えに気づいた。そして、僕が理解したのは、自分はああいうテクニックをすべて、女性に好かれるために使っていたということだった。その週末、僕は自分を抑えているようには感じなかった。その代わりに、ああいう行動をとることが、実は愛のある、楽しい、セクシーな気持ちを発散させてしまうのだということに気づいた。いつものようなはけ口がないので、そういう気持ちはただ僕の身体の中を駆け巡りつづけた。この完全にプラトニックな週末の終わりには、僕は、今まで経験したことのないほど、喜びにあふれ愛で一杯になっていた！

彼女の愛を求めるのをやめたその瞬間、実は控えめに言っても、とてもほっとした。僕の身体全体がリラックスした。僕は単に、幸せになるためにはだれかとの関係が必要だということを信じるのをやめたのだ。彼女との関係も、ほかのだれとの関係も。僕は外側にばかり気持ちを向けるのをやめ、幸せが存在するわけがない場所に幸せを求めて手を伸ばすのもやめた。僕は、それまでの人生でずっと続けてきたことをやめたのだ。その結果、僕の気持ちは安定し正直になり、初めて自分は完全だと感じた。

僕はこの女性の愛を求めるのをやめ、僕たちはカップルになるべきだという僕の考えに賛成させようとしてやってきたことをすべて謝った。僕は純粋に――そしてそれは少しショックではあったが――彼女とステディになりたいという欲望をもたなくなったのだ。そして、僕とステディになりたくないと思っている女性を愛しているという事実に満足した。さて、このストーリーのおちは、僕が彼女の愛を求め認めてもらおうとするのをやめた瞬間、僕が彼女と(あるいはほかのだれであっても、そういう意味では)一緒にいる**理由**を見つけることができなくなったとき、彼女は僕を見て「私がいつも求めてきた自由が、スティーブとなら手に入りそうだわ。それに、まあ、彼はとてもかわいいじゃないの!」と思ったのだという。そして彼女は僕のほうに身を乗り出し、キスをした。

四年後の今、僕たちは結婚して一年になる。そして僕たちの実際の関係は僕があの頃想像していたものよりもずっと良い。

❖愛のために料理する

私はかつて、人に手料理を振る舞うことが愛を与えることであり、お返しに相手からは愛が戻ってくるものだと信じていました。それに気づいたとき、私はショックを受けました。私はどうしたらよいかわかりませんでした。手料理以外に、私にはほかに人に与えられる何があったでしょうか。

私は奴隷なのだ、私の人生は他人の機嫌をとることばかりなのだということがわかりはじめると、私は驚き、混乱し、うろたえました。私は何か貴重なものをなくしたと感じました。私はたくさん泣きました。この私はだれなのだろう。この私は何を求めているのだろう。私にはわかりませんでした。何の手がかりもありませんでした。

ほかの人の愛が見えるようになるためには自分自身を愛する必要があるということを私は知っていました。でも、それをどうやって**やる**のでしょう。私は自分の中に起こってきた考えを根気強く問い直しひっくり返しつづけました。すると、それらを検討していくにつれて、しだいに私は他人に認めてもらうことへの興味を失っていきました。大切なのは自分に認めてもらうことなのだということに気づいていったのです。

今では、だれかのために料理をするとき、相手がそれを気に入るだろうかということに純粋に興味をもちますが、認めてもらうことに依存してはいません。息を殺して相手が喜んでいるかどうかを見守りませんし、相手が夢中になっていなくても落ち込みません。だれかが料理を批判しても、傷ついて相手のコメントに抵抗したり無視したりするのではなく、それが正しいという可能性を考えてみます。そしてそういうコメントは、往々にして、役に立つのです。料理は何とかなっているけれども自分が計画したようにはうまくいかなかったというときは、大騒ぎしたり謝ったりすることなく給仕し、ただ相手と過ごす時間を楽しみます。以前は決してそんなふうにはできませんでした。この結果、私には安らぎと余裕ができ、どんなことが起こってもその瞬間を味わえるようになりました。

❖オーブントースター

以前は他人を喜ばせるためだけに生きていましたが、今では自分が本当にやりたいことをします。やるべきだと考えることではなく。例えば、私は教会のメンバーが別の場所を見つけるまで家に泊まらせてあげました。すると、ある晩、私は彼女が酔っ払って寝込んでいるのを見つけました。オーブントースターの中に冷凍の夕食を入れたまま。私は彼女が私の家を燃やすことはないだろうと思えるほど、自分が彼女を信頼していないことに気づきました。それで、彼女に出て行ってくれと言いました。以前の私だったら、不安と共に暮らしながら、彼女が移る場所を早く見つけてくれるようにと願ったでしょう。このときは、私はただ彼女に何が怖いのかを話しました。彼女はすぐに気に入った別の場所を見つけました。そして、私がとてもはっきりとしていて、彼女に敬意を払っていたことにお礼を言ってくれました。

❖気まぐれな女性

僕は独り暮らしをしており、直前になってデートをキャンセルする傾向のある女性とつきあっていました。デートをキャンセルされると、僕は孤独になり、自分に同情しました。まるで『黄金時代』のチャーリー・チャップリンのようにです。彼女に対しては、何も問題はないし、僕は一人でも大丈夫だと言ったものでした。実際には違いましたが、物欲しげにしていると、彼女は僕を完全に振るだろうと思ったのです。僕は問い直しの指示に従いました。怒り狂って彼女のことをこんな人間だと決めつけ、それを書き出し、四つの質問をし、ひっくり返しました。気づきはありましたが、それでも彼女が僕に会いたくないときにはみじめに感じました。すると、ある土曜の晩、自分の空っぽの家に帰っていくとき、僕は、まるでこれからだれかおもしろい人に会おうとしているかのような、わずかなスリルを感じました。僕は一瞬うろたえました。来客があったのを忘れているのだろうか。そして、僕の頭に浮かんだのは、これから家で会おうとしているおもしろい人は、今、家に向かって歩いている人なのだということでした。そのときには小さなことのように思えましたが、あの孤独な気持ちは二度と戻ってきませんでした。また、あの気まぐれな女性はデートをキャンセルするのをやめて、今では僕の気まぐれな妻です。

❖古い友人を訪ねる

私は自分の考えをしばらくの間一生懸命に問い直していました——ほとんどが別れた妻のことです。意識的に問い直しをしていないときにさえ、新しいことにどんどん気づきました。ある日私は親しい友人の家に昼食を食べに行きました。彼とは七〜八カ月会っていませんでした。私はこの男性を大変尊敬していて、いつでも彼と会うのは楽しみでした。でもこのときは違いました。彼との会話は、まったく新しい経験でした。そして、私はそれまでよりもずっと彼を近くに感じました。彼がいつもと違うことは何もしていないということに私は気づきました。変化は私にあったのです。考えがひとりでに解消していくのです。例えば、私が最近の業績について話したときのこと。私はそれを大変誇りに思っているのですが、どれほど素晴らしい仕事をしたかを彼が評価するかどうかを気にしませんでした。会話の途中に電話が鳴り、彼は電話をとりました。私は会話が中断されたことを、自分に関連づけてとらえなかったことに気づきました。それどころか、私は、彼が同僚と話しているときに、彼への愛情が押し寄せるのを感じたのです。彼は電話が鳴るたびにとる必要があると思っている男性なのだということを理解しました。

自分が彼に話をするのを聞きながら、私は今回と前回の会話の違いをありありと感じていました。前回の私は、まるで椅子の縁に座っていたかのように、彼のほうに身を乗り出して、常に彼に認めてもらおうとしていました。自分の言っていることに彼が興味をもっていないようだったら、傷ついて彼から気持ちが離れました。彼が電話をとったときは、私はとても穏やかに侮辱されたように感じました。そして今は、そういうことがまったくないのです。私は彼から何かを求めているのではないということ、そして彼が私の言葉に興味をもっているかどうかはまったく問題ないのだということに気づきました。**私**は興味をもっていました。**私**は認めました。**私**は自分と一緒にいて嬉しかったのです。実は、私は多くの時間を、友人の話を聞くことに費やしました。彼が言ったことの中には、魅力的なものもあったし、そうでないものもありましたが、会話全体を通して、私は彼への愛に満たされており、重要なのはそれだけでした。彼についてはワークをやってもいなかったのに！

執着が続いている間はあまりにもひどい話

五年前、二週間の間に、父が自殺をし、私は仕事を失い、私のパートナーは出て行って隣に引っ越してきたばかりの女性と一緒になりました。彼と新しい恋人は、何が起こったかを私に常に思い出させてくれました。

それはまるで中国の水の拷問のようでした。私が家から出入りするときには、彼らが車を車庫から出したり入れたりするのが見えたし、芝生の手入れをするのが見えたし、私の芝生の代わりに彼女の芝生を刈り取っているのが見えたし、ベランダに座っているところが見えました。私の台所の隣にある彼らの寝室の気配さえわかるような気がしました。二〇フィート（六メートル）しか離れていないのです。

私は彼に戻ってきてくれと懇願しました。私を捨てたことに因果応報があると言って脅しました。私はその女性に彼を返してくれと懇願しました。私は彼の母親に、私のところに戻るよう彼に言ってくれと頼みました。私は子どもを送って嘆願させました。私は彼らの車庫の入り口のところに文字通り膝をついて、このようなときに私を一人にしないでくれと懇願しました。私はひどい受難者だったのです！　私は彼に戻ってきてほしいと思い、それから、彼がやったことの埋め合わせをするためにどんなに長い時間でもかけてほしいと思いました。私は自分と同じように彼が苦しんでほしいと思いました。

さて、彼はそうしませんでした。私の願いを受け入れてくれず、彼は恋をしていて楽しんでいました。ワークシートを書いてみるまで、彼を罰しようとすることで、私は本当は自分自身を罰していたのだということに気づきませんでした！　罰していたのは私だけでなく、子どもたちもだったのです。彼が必要とすることをただやらせてあげていれば、彼を悪い気持ちにさせようとするのではなく（そもそも、なぜ自分を悪い気持ちにさせようとしている人のところに戻る気になるでしょうか）、自分の人生を続けていくことができたでしょう。「彼は私のところに戻るべきだ」――それは本当ですか？　もう私はそう思いません。それを信じると、私はどうなるでしょう。怒り、みじめさ、意地悪、操作。ひっくり返しは素晴らしかったです。特に「私は自分自身のところに戻るべきだ」は。それは私を稲妻のように打ちました。私には戻るべき人生がまるまる残っていました。子どもたちもそうだったのです。これを本当に理解すると、私の別れの苦痛は癒えはじめました。私は子どもたちの幼い日々を、彼についての悲しみで浪費するのをやめました。子どもたちともっと一緒に遊び、本を読んだり話を聞かせたりすることにもっと時間を使いました。

別れた彼は、自分の選択をしなければならなかったし、私の計画表が彼に伝えたことではなく、彼の心が彼に伝えたとおりのことをしなければならなかったのです。問い直しによって、彼は彼の幸せに責任があり、私は私の幸せに責任があるということが明らかになりました。どんな独りよがりな苦しみも、その事実を変えることはできません。悩みが止まったのは、私が真剣に自分の考えを問い直しはじめた日でした。自分をみじめにしているのは自分自身の考えであって、別れた彼ではないのだということを、私はようやく理解しました。私は彼を苦しめたり操作しようとしたりするのをやめました。自分がどれほどかわいそうかを示すことで、ほかのすべての人の同情を得ようとするのをやめました。その代わりに、彼が私を捨てたのは一回だけれども、私は千回、つまり彼が私を捨てたあとの四年間、毎日、自分自身を捨てたのだということをようやく理解しました。

問い直しは私を自由にしてくれました。そして、私の頭は、今では自分自身のことを笑い、彼のおかげで幸せでいられるところまで、すっきりしました。執着が続いている間はあまりにもひどい話でしたが、でも本当に、それをやめてから、私はずっと気分が良いのです！

❖一緒に住んでいる理由は、一緒に住んでいること

以前は別れると言って彼のことを脅していましたが、今では、それは私がやるべきことではないということに気づきました。私が彼と一緒にいる限り、私は彼と一緒にいる必要があるのだということ、私が実際に彼と

別れるときが、別れる必要のあるときだということがわかります。そして今のところ、私は別れていないのです。これはとても素敵です！　私が自分の考えの問い直しを始めてから起こったことの中で最も良いことの一つです。それは私にたくさんの自由を与えてくれます。「私はここで何をやっているのだろう。私の何が問題なのだろう」と、もう悩まないですむのです。私は彼と一緒に住んでいますが、その理由は「一緒に住んでいるから」なのです。それがすべてです。いちばん苦しいとき、私の考えが猛烈に増殖するとき、最低でも私はそこに頼れます。これは平和の島です。私が立つことのできるしっかりした地面なのです。

❖怒っている同僚

職場に、しょっちゅう怒っている同僚がいます。彼女は私の中に、防衛的な反応を必ず引き起こします。でも今週、彼女が私のところに怒って文句をつけてきたとき、私は完全に自分の中に落ち着いていました。彼女の怒りは私とは何の関係もないのだということがわかり、愛をもって彼女に対応することができたのです。私が彼女に、あなたが文句を言うのは正しいと言ったとき、彼女の怒りは消え去り、彼女は歪んだ微笑を私に向けました。まるで、いたずらを見つかった子どものように。

❖母と恋に落ちる

私は母があんなに長く病気でいることを怒っていることを怒っていました。私は、母が父と私の重荷になっていると考えて苦しんでいました。母の世話をするために人生を犠牲にしている私たちに、母が感謝していないと考えて苦しんでいました。母についての自分の苦しい考えを数カ月間問い直したあと、私は、自分がペテン師だということに気づきました！　私は母に対して愛から行動していませんでした。私は「苦労している良い娘」でいることで注目を得ていたのです！　人が私に同情するようにと、この**すごい**話を作り上げており、実際には母の声を電話で聞くのもほとんど耐えられないのでした。ひとたび自分の妄想を理解すると、私は、一生のほとんどを病気で過ごしてきた、この完璧に美しい女性を見ることができました。彼女は強く自立しており愛に満ちていました。私は自分の母と恋に落ちました。私は母と一緒に座って必要なことは何でもしたいと思いました。彼女が亡くなるとき、私はこの愛の状態で彼女の脇に三日間座りました。母がまだ生きているうちに愛することができたことを、とても幸せに思います。

❖野性的な情事

私は愛人との野性的な逢瀬を求めていました。触れてほしかったし、夫よりも性的に刺激してほしかったし、社会のルールに背くことで私の人生に冒険が戻ってくることを求めていたのです。私は大胆で、性的な魅力があり、若くて美しく（私は三十代の終わりです）、知的で、はっきりしていて、あらゆる面で魅力があると彼に思ってほしかったのです。私は完璧でいようとしました。彼の（ほとんどは性的な）要求に応えようとし、いつでも彼に会えるようにし、感情的にならずにどんな状況にも対処できるようにしたのです。私は裏切りを隠すために、夫を嘘のベールでくるみました。愛人の要求のすべてに応えるふりをするのは、拒絶されることへの恐れへの対処法でした。彼が私に期待するとおりでいることが、彼のハートをつかむために私が知っている唯一の方法でした。結果として、これは予想だにしない反感を買うことになりました。私は彼のハートをつかむことができませんでした。実際に彼を遠ざけてしまったのです。

私はこのプロセスの間、自分を好きではありませんでした。私は、自分自身の期待の犠牲者だったのです。夫を裏切ることは、自分の内面に信頼と安心がないことの表れでした。私はまた、自尊心を本当に低くすることで、自分自身のことも裏切りました。私はずっと罪悪感を覚えていました。私はその瞬間に生きていなかったのです。いつも物事が違っていたらと思っていました。夫がもっと野性的にセクシーになってほしいと思っていました。私の愛人のように。そして、愛人がしっかりした頼りになる人になってほしいと思っていました。私の夫のように。

自分がどれほど思いつめて愛を求め認めてもらいたいと思っているかに気づくだけで、私の人生はものすごく変わりはじめました。私には、突然、自分で処理しきれないほどの愛が生まれました。愛人との関係が終わってから、自分は究極的には自分自身のものにしかなれないということに気づきました。私の関係は、あらゆるレベルで改善しました。

私は、夫が自己中心的だと思っていつも憤っていました。今では、そんな考えが私の頭に浮かんだら、すぐにそれを問い直します。怒った小さな子どもがやるように、彼のことを決めつけ、それから私の考えのそれぞれを調べ、ひっくり返すのが好きです。私は、彼を変えたいと思わずに、あるがままの彼でいてもらうのが好きです。今では彼にノーと言い、それについていやな気持ちにならないことがずっと簡単になりました。

今では、愛は自分の内側からやって来ることを知っています。すべての瞬間が、そのままで貴重なのです。そして、怒った考えや傷ついた考えが現れると、もっと深く自分の内面を見られるということを教えられます。

例えば、私はかつて、夫はこんなに旅行をすべきではないと思っていましたが、今では、彼が家にいても、いなくても、楽しめるようになりました。彼が何をするかは彼が考えるべきことで、私の心の幸せにはほとんど影響しないのです。

今では、侮辱されても、責められても、悪態をつかれても（私には十代の子どもたちがいるのです）、私の心の平和は安定しています。自分のストレスフルな考えを問い直している限り、落ち着いた、愛のある状態でいられます。

❖家はきれいになることもならないことも

夫は家を掃除するのが好きではありません。そして、私は彼にうんざりしていました。私は結婚を終わらせて、もっと私を尊敬し、サポートしてくれる人を見つけなければならないと思ったものです。今では私は、今までにないほど結婚生活に心を傾けています。家はきれいになることもならないこともあります。いつでも完璧にきれいでなければならないということはないということに私は気づきました。いずれにしても完璧だったことはないのです。以前は、家は完璧ではなく、私たちはたくさん口論をしましたが、今では、家は完璧ではなく、私は安らかです。

❖ ひっくり返し

私は週末に『あるがままを愛する』〔原題：*Loving what is* 訳注：バイロン・ケイティの一冊目の著書、邦訳『人生を変える4つの質問』アーティストハウスパブリッシャーズ〕を読みました。食べることもほとんど忘れたほどでした。日曜日に、妻と子どもが妙に私に対して思いやりがあると感じはじめました。まるで私の誕生日であるかのように。ついに、私は妻に聞きました。「いったい何が起こっているんだね。何を計画しているんだい？　なんで皆、僕にそんなにやさしいの？」

妻は私をじっと見て笑いはじめました。「私たちは何も変わったことはしていないのよ」と言いました。「変わったのはあなたよ。いつもよりもやさしく振る舞っているのはあなたなのよ！」

❖ 便器の感謝

私たちは、以前は雑用をめぐって喧嘩をしていました。私は、自分がいつも家を掃除し、皿洗いをし、洗濯をし、風呂場とトイレを掃除する役だったことに本当に腹を立てていました。私だけがフルタイムの仕事をしていたというのに。それで私は頭がおかしくなっていました。問い直しを習慣にしはじめてから間もなく、私は便器を掃除しているときに突然人生に大変な感謝を感じました。便器を掃除するということが何を意味するかというと、私は娘たちに食事を与えている素晴らしい母親で、美しい体の中で食べ物が姿を変えてからそれを片づけているということなのです。だれが掃除をしていてだれがしていないのか、私にはもう気になりませんでした。私はただ、自分の内面からの指示に従っているだけでした。そのことがあってから、家族の中でトイレの掃除に興味を示す人が増えてきました。素晴らしかったです。

❖ 生ける聖人

私は教会に行くのが好きです。教会にいる人が私のことを単にスピリチュアルなだけでなく、キリストやマザー・テレサのような人間だと思ってくれることをいつでも望んでいました。人が私のことをただ良い人だと思うのではなく、『天使に触れられて』〔原題：*Touched by an Angel*　訳注：アメリカで人気だったテレビドラマで、地上に降りた天使が人間を導く話〕の天使のように、金色の後光と共に見てほしかったのです。そして、私の素晴らしさに包まれ、自分にはまだそれがないので少し羨ましく思ってほしかったのです。これが、ばかげて聞こえることはわかっていますが、私は人生の何年間も、自分をこのように見せてくれるだろうと真剣に信じていた活動に捧げていたのです。

それから、私は女子刑務所で週一回のクラスを教えました。私はその女性たちの話を本当に聞くための時間や、彼女たちがどう感じているかを発見するための時間をとることはありませんでした。なぜなら、私は教えることに没頭しており、私を偉大で聖なる教師として見てもらうことに余念がなかったからです。ある夜、一人の女性が床に倒れこみ、自分は赤ちゃんを殺したのだと叫びはじめました。彼女は何時間も苦しみもだえて叫びました。突然、私は、この女性たちの話を聞いたり心のつながりをもったりすることがなかったということ、私の関心は彼女たちが私をどのように見るかということにあったのだということに気づきました。たぶん彼女たちには許しが必要だったのでしょう。彼女たちは、過去にやったことが何であれ、生きていってよいのだということをだれかに示してもらいたかったのです。いいえ、それではあべこべです。**私**が許しを必要としていたのです。**私**は、過去にやったことが何であれ、生きていってよいのだということを**彼女たち**に示してもらいたかったのです。そして、私にはそれがわかりました。

私は、自分自身の傲慢さに深くショックを受けました。私は自分自身に失望し、この何年もの間、自分自身を、ばかにしつづけてきたのだということに突然気づきました。ショックのおかげで、私は自分をこれほどの不正直へと導いた考えの問い直しを始めました。自分自身の真実を見つけたいと真剣に思っていました。ワークシートを毎日何十枚も書きました。そのうちの多くが、世界中のすべての苦悩、そして自分の人生におけるすべての苦悩について自分がどれほど神に対して怒っているかというものでした。

やっていたボランティア活動のうち、聴衆がいるものはすべてやめました。でも、一対一のボランティアは続けました。自分のパフォーマンスの苦しみから自分自身と他人を救ったのです。私はキリストになろうとするのをやめました。そして、自分の考えを問い直せば問い直すほど、自分自身でいることにより満足できるようになりました。私は自分自身の苦悩について神を責めるのをやめ、自分の人生に本当の意味で責任を取りはじめました。

今ではずっと平和な気持ちです。自分の価値を他人に証明するためにやらなければならないことなど何もないのだということを知るのは素晴らしいことです。自分自身のどこが良いのかがわかるようになり、神聖さをでっち上げて他人から賞賛され認められようとするのをやめました。今ではほとんどの人が私の近くにいたがります。なぜなら、私は笑うのが好きで、それが周りの人を笑わせるからです。私は聖人になることはないかもしれませんが、聖人になる必要もありません。私は今日、はるかに幸せで親切な人間です。私は本当に自分を好きになりはじめています。

❖ルール

私にはたくさんのルールがありました。まず、彼がどこかに行くときには、「行ってきますのキス」をしてもらうというルール。彼がキスをしないと、呼び戻してキスをさせました。セックスをすることについてもルールがありました。彼が求めるときには、私は絶対に拒否しないのですが、私が求めるときには、彼は拒否してもよいことになっていました。それには正直、私は腹が立ちました。私の子どもたちを彼が愛してやさしくするというルールがあり、もしも彼がそうしないと、私は彼と喧嘩をするか完全に引きこもりました。それから、ワインを注いだり、プラグを取り替えたり、バーベキューの準備をしたりというういくつかの「男の」仕事に彼が責任をもつというルールがあり、それを私がやらなければならないとイライラしました。また、彼は料理が好きですが、彼が私と同じやり方で料理をしないので、そうではなくて私のやり方でできるように、と喧嘩をしたものでした。

問い直しを習慣的にやるようになってからは、すべてが変わりました。彼がキスをしたいのであればしてもらいます。そして、そうでなくても問題はありません。自分がセックスをしたいときには彼に頼み、彼がノーと言っても傷ついたり怒ったりしません。彼がセックスをしたくて私がしたくないときは、気持ちよくノーが言えます。私は自分の子どもたちを愛していますが、彼はそうする必要はありません。それは彼が考えるべきことです。そして彼が子どもたちと一緒に時間を過ごさなくても、私はそれで大丈夫です（もちろん、彼が子どもたちと一緒に時間を過ごしてくれれば嬉しいです）。彼がやると言うときにはワインを注いでもらいます。

そうでないときは、私がやります。同じことが、プラグの取り替えやバーベキューの準備にも当てはまります。そして、今、私は彼の料理をただ楽しんでいます。

愛はなくならないのだということを私は理解しはじめています――絶対に**なくならない**のです。そのことを、いつもいつも理解できるわけではありませんが、理解できる回数はだんだんと増えてきました。「あなたの愛が必要」という考えはまだ現れますが、直ちに、私は「それは本当？」と問い直し、そして微笑むのです。

テディベアと踊る

ある晩、彼が私とセックスをしたがらなくなって一カ月がたち、みじめになって傷ついていたとき、私は自分の考えを問い直しました。「彼は私に性的に惹かれる必要がある」とか「私たちはセックスをする必要がある」というような考えは本当か、と。すぐに、私はただ自分自身を楽しんでいるのであって、セックスはまったく必要ないということがわかりました。愛と感謝についての歌に感動して、テディベアを抱いて、パジャマと靴下で、化粧もせず、踊りました。私は自分といることがそれほど幸せだったのです。彼が帰宅して、私を見ました。彼は私を寝室に連れて行って、とても甘い時間を共に過ごし、素晴らしいセックスをしました。何週間もの間、私とセックスをするように彼を説得しつづけてきたあとに。

彼が帰宅しても、ただ安らかな気持ちでいられたことが、私には嬉しかったのです。私はそのシンプルさを楽しみました。私は、セクシーでいたり、彼を性的に刺激するための演出をしたりしようとしないことを楽しみました。私はテディベアと共に、自分自身との時間を楽しみました。そして私は彼との時間を楽しみました。

私は今でも、自分自身でいることに幸せを感じれば、彼をセックスする気にさせられるという考えをワークしています！　それは本当でないということが私にはわかります。本当に自分自身でいることが幸せなとき、私はほかのだれも必要としません。そして私は、その結果、彼が性的に興奮するかどうかをコントロールすることはできないのです。

❖私たちは以前喧嘩をしていた

私たちはかつて喧嘩をしていました。今では、彼女が私に腹を立てると、彼女はワークシート（二九五ページ）を埋め、私への不満をすべて読みあげます。私は、彼女が下した評価を聞き、それらのすべてについて正しい面を見つけ、どういう点でどのように彼女が正しいのかを伝える（彼女は通常その半分も知らないのです！）ことができなければ、問題があるのは**私**のほうだということになってしまうということを知っています。そして彼女の言うことを聞き、彼女が言っていることに正しさを見つければ（今まで彼女は間違っていたことがありません）、問題に見えたものはすべて消えてしまうということを知っています。実際に、私が、純粋に、何らかのテクニックとしてではなく、彼女の正しさを認めると、多くの場合、次に彼女が言うのは「そして、あなたを責めたのと同じことを私もやっているのよ。例えばね……」ということなのです。

妻はかつて、私を動転させるようなことを私に伝えるのを怖がっていました。今では、彼女は私に何でも言うことができるということがわかっており、最終的な結果は（それが直ちに起こることもありますが、ときには数時間かかることもあります）私たちがより親しくなるということだとわかっています。

私は彼女にやってほしいことについて（頭の中でだけ）不満を言っていました。特に性的なことです。そして、彼女に腹を立て、悪態をつき、喧嘩のタネを見つけ、二人とも気分が悪くなりました。私たちの結婚生活が私の期待に応えていないということを彼女が聞くと動揺するだろうと思ったので、彼女にそういうことを伝えていませんでした。

今では、私は自分が求めるものを必要としていないということがわかっています。私はそれらを要求としてではなく会話として話題にすることができます。そして、それによって、私は彼女の言うことに耳を傾けることができ、実際に彼女の言うことを理解することができます。彼女が述べる理由が私の問題の原因だと思うことなく。そして彼女がその会話に反応して機嫌を悪くしても、私は逃げ出す必要も、彼女の気分を良くさせようとする必要も感じません。

以前の私にとって、セックスは相手に自分を受け入れさせ、好きにさせるための手段でした。受け入れさせ、好きにさせるためには何をしたらよいかということが重要だったのです。今では、セックスは会話になり、「どちらがどちらのために何をできるか」（それはときにはゲームの一部ではありますが）ということを超えて、相手との関係の別の側面を探るための方法になってきています。

❖ アドバイスをすることで認めてもらいたい

私はかつて、すべての友だちに、いかに生きるべきかというアドバイスをしていました。そして、そのことに大変な時間とエネルギーを使っているのに、だれも私の言うことを聞かないことに怒っていました。また、私自身の問題については、だれもアドバイスをしてくれないことにも怒っていました。今ではそれは大笑いしてしまうようなことだと思います。なぜなら、自分が自分自身の面倒を見ていなかったということがわかるからです。自分の考えを問い直し、人を管理するのをやめたときに、消えた友情もありました。でも、残った友情は、以前よりもずっと深くなっています。

あなたはとても否定的だ

私はかつて夫の否定的なところを嫌っていました。今ではそれを大切にしています。なぜなら、**私**が自分自身の中の何かについて、否定しているのはどこかを示してくれるからです。夫が否定的だという自分の考えにこだわらなければ、私は頭にくることもないということに気づきました。今では彼が私を批判しても、私は心を閉ざしません。私は実際に彼が言うことを聞き、それのどこが正しいかを見つけることができます。私はとても素晴らしい男性を知りつつあるところです――九年間も一緒にいたあとになって。

フェリー乗り場に立つ

問い直しについての私の経験はとてもシンプルです。でも、そのおかげで、三〇年以上も続いていた対人関係の問題がなくなったのです。私は仕事をして、家族を養っています。妻は毎日私をフェリー乗り場まで送ってきて、私が仕事から帰ってくるときにはフェリー乗り場まで迎えにきます。妻は時々遅れます。そして、何回か、特に彼女がダンスの一座のために働いていたときには、迎えにくるのがとても遅れるか、私のことを完全に忘れていました。彼女は自分がやっていることに夢中になっていたからです。

私はそれがいやでした。彼女が私を愛していないと感じ、彼女が自分の好きなことをやっている間に、私が家族を養うために毎日つまらない仕事をしていることに、彼女が感謝をしていないというふうに感じました。彼女は十分な収入を得ていませんでしたから、私はダンスの一座のことも支えているというわけです。私は彼女の居場所を見つけるために電話をし、彼女は私のことを忘れていたということに気づき、謝り、私は彼女に猛烈に腹を立てました。なぜなら、彼女のパートタイムの事実上無給の仕事が、彼女にとっては私よりも重要なのだと感じたからです。

それから私はこの「ワーク」に出会ったのです。

ある日私は自分自身に尋ねました。「彼女が遅れたからといって、彼女は私を愛していないというのは本当だろうか?」私は、それは本当だと言うことはできませんでした。私は自分に問いました。「私を時間どおりに迎えに来ることを忘れたからといって、彼女が私を愛していないということが本当だと、絶対に言いきれるだろうか?」私にはそんなふうに言いきることはできません。私は自分に尋ねました。「彼女が私を愛していないという考えがなければ、私はどういう人間になるだろうか?」私はずっと幸せな人間になるでしょう。嗚呼。

私は、彼女が私を愛しているということに気づきました。今でも毎日気づきます。私は、自分を怒らせ動転させていたのは、ほかの人がすべて車で迎えられたり歩いて家に帰ったりしているときに、一人取り残されるということについての私の**考え**なのだということに気づきました。その考えがなければ、私に問題はありませんでした。私はこれを妻に説明し、彼女はただ笑いましたが、それでうまくいくのなら彼女は幸せだと言いました。そして、それはうまくいきました。私は一日の終わりに彼女に悪態をつきたくなくなりました。

そのときには、この件について、それ以上の問い直しはしませんでした。

数カ月後、私の兄が泊まりに来ました。ある日、私たちがいろいろなことについて話をしていたときに、私は、妻が遅れたときにかつては動転していたということを話し、私が悟ったことについて話しました。兄は、子どものときのことを覚えているかと尋ねました。私は覚えていませんでした。母も父も、私たちを学校に迎えにくるのを忘れたということ、そして、同じことが私たちが駆け出しの大人として最初の仕事に就いたときにも起こったということを思い出しました。私はこのことを頭から追い出していましたが、兄が思い出させてくれたとき、記憶がどっとよみがえってきました。私はかつて、迎えが来る最後の子どもであったり、迎えが来ずに自分で家に帰らなければならなかったりして、ひどい気分になっていました。多くの場合、その言い訳は「仕事が忙しかったから」でした（両親は自営業でした）。ときには、何の言い訳もなく、謝罪すらありませんでした。

これを思い出すやいなや、すでに発見していたことが、新たな力をもって、頭に浮かびました。妻は私を愛しているのであり、迎えに来るのを忘れるときにも愛がないわけではないということです。私を怒らせていた考えは、ただの考えでした——妻とは何の関係もなかったのです。

そのときから、私は毎日問い直しをするようになりました。そのおかげで私は正気になり、起こることを、自分に関連づけてとらえるのではなく、そのまま受け入れられるようになりました。それは偉大なスピリチュアルな覚醒ではありませんし、私は日常生活を平穏に過ごせる聖人ではありません。でも、私は今や素晴らしいツールをもっており、いかなるストレスフルな状況でもそれを使えるのです。私は今でも動転しますが、もう二度と動転した**ままで**いなくてよいのです。

❖崇拝をやめる

私はトムに永遠に私の親友でいてもらいたいと思い、ほかの女性のために私と別れないでほしいと思っていました。私はたくさんのセックスや、注目、贈り物、永遠の愛の約束を求め、私が彼のソウルメイトだと認めてもらおうとしていました。私は彼のために髪を伸ばしました。彼は長い髪には性的な魅力があると思っていたからです。私は三〇ポンド（約一三キログラム）減量しました。彼は私にやせてほしいと思っていたからです。彼が夢中だったので、私は聖書の勉強すらしました。彼を喜ばせるためにできることはなんでもしました。私は決してノーと言いませんでした。なぜなら、愛は決してノーと言わないと信じていたからです（今ではこれを信じることはほとんどできません！　でもそのときにはそう思っていたのです）。

本当は幸せでないときに「幸せだ」と彼に言いました。

私はしばらくの間、トムを崇拝することがとても気に入っていました。彼が私のことを賢く、善良で、美しいと思っていることを喜んでいました。彼は毎日私のアドバイスを求め、それで私は自分にパワーがあると感じました。彼が私を認めなくなってくると、私はそれを取り戻すために必要だと思うことは何でもしました。それは、終わりのない、消耗するサイクルでした。

その頃、私の女の友人が「ワーク」のことを教えてくれました。そして私たちは一緒にやってみました。自分を堕落させている考えを見つけるのにはしばらく時間がかかりました。私の全人生はそれを中心に回っていたというのに——というよりも、たぶん、それを中心に回っていたからなかなか見つからなかったのでしょう。それから私は、**私はトムに認めてもらう必要がある**という考えを見つけ、質問をしました。

今では、私はまだトムを愛していますが、彼をもう**必要**としていないことがわかります。そして私はたしかに彼に認めてもらう必要がありません。自分が認めているのです。私はただその瞬間に自分が何をしたいか、何をしたくないかを言います。これは初めてのことです。その結果、だいたいの場合、私は彼が聖書を読むのを聞くことをしなくなりました（私は読みたいときには自分で読みますから）。そして私は自分の髪の毛をとても短く切りました。おもしろいもので、トムはそのほうが好きなのです。彼は私のことをとてもセクシーだと言います。そして私は、髪を伸ばすべきだと考えていたことについて、彼をからかいます。私たちのどちらも、今では前よりもずっと楽しんでいます。

昔の恋人

私の昔の恋人が数週間前にふらりとやって来ました。これはふだんは私にとってはひどいことです。彼は美しい男性です。私の考えでは、とにかくかっこよいのです。そして、彼がやって来ると、私の心は乱れるのです。なぜなら、彼が今でも私の恋人だったらよかったのに、と思うからです。今回は、私がそれまでにやったすべての問い直しのおかげで、私は何も期待せずに彼と一緒にいることができました。私は「彼が今でも私の恋人だったらよかったのに」という考えに気づきました。そしてすぐに、私は彼が今でも私の恋人だということがわかりました。だって結局、彼はそこにいるのですから。そして、彼は何なのでしょう。

彼は自分の話ばかりたくさんしました。彼の前妻がどんなに間違ったことをしたかということについてです。私は、彼が私の話に関心をもっていないということに気づきました。彼は、前妻がいかにひどい女性であるかを私に伝えることに関心があったのです。数年前に、彼が私に訴えていた話と非常に似た話でした。彼はとてもハンサムで、そして私は自分も彼が話すことに関心がないのだと考えました。それで私は床に寝て、ただ彼の声の音を聞きました。音楽のように。私は彼を励ましもしなかったし、彼の悲しい話に同意もしませんでした。過去にはそうしていたのですが。

彼は私の脇に横になって、私を愛撫しはじめました。私は彼とセックスをしたくないと言いました。関心はありましたが。彼は、私が彼を弄んでいると言いました。私は微笑んで、そのとおりかもしれないと言いました。そして帰るときに彼は私を抱きしめ、私たちはキスをしました。彼は電話をすると言いました。過去には、私は彼の電話を待ち、電話が鳴るたびに彼だったらいいのにと思ったものでした。今回は、それは起こりませんでした。私は彼が電話してきたら何をするかわかりません。それはたった今起こっているわけではないですから、私の「レーダー」には引っかかっていないのです。私は彼に対しては愛する気持ちしかありません。なぜなら、私には、彼が何をすべきで何をすべきでないかがわからない、ということがはっきりしているからです。私は本当に、何が起こるべきで何が起こるべきでないか、わかりません。私は自分がもっているものについて感謝を感じます。とてもたくさんあるのです。

❖ 私を許して

「ワーク」に関する私の最初の経験は、当時一九歳だった娘についての一件でした。娘は私が妊娠中に薬物依存だったことについて私に腹を立てていました。今では私は薬物依存ではありませんし、娘が三歳のときからは使っていません。そして、私は娘に許してほしいと強く思っていました。私は娘についてワークシートを書き、そのうちの一つの文章は「過去に何が起こっていようと、娘は私に対して愛のこもった態度をとってほしい」でした。そのひっくり返しは「現在何が起こっていようと、私は娘に対して愛のこもった態度をとりたい」でした。娘が私に対してどれほど怒りと嫌悪に満ちた行動をとろうと、私は娘に対して愛のこもった態度をとりたいのです。それに気づくのはとても重要でした！　そのおかげで、子宮にいたときに私が娘をリスクにさらしたことについて、私を許す方法を娘は見つけられないかもしれないということを認めることができました。そして私は、娘はずっと私のことを怒りつづけるかもしれないということ、そしてそれでもよいということ、なぜならそれが「あるがまま」なのだから、ということを認識することができました。

二、三カ月後、娘は、私が薬物依存からの回復で大変な進歩をしたということと、私が娘をかなりよく育てたということに気づきました。薬物に満ちた父親の家から娘を連れ出し、私たちの人生をもっと健康な方向に変えたのです。娘は、私を愛していて私を許すと言ってくれました。

❖セックス・パートナー

私はかつて、自分が本当に幸せになるための唯一の方法は、ソウルメイトを見つけることだと思っていました。私は三回の結婚と三回の離婚をしました。彼らはとても不完全だったからです。問い直しを通して、私は自分自身を見つけました。そして、どの夫も私の完璧なパートナー**だった**ということも発見しました。それぞれが、私を今いるところに連れてきてくれたのです。

私がほかに気づいたことは、自分がそれまで本当の意味で愛を交わしたことがないということです。私はいつもただのセックスをしていたのです。私の人生について「ワーク」をやってみてからは、パートナーを喜ばせているかどうか、私が太りすぎているのではないかとか、年をとりすぎているのではないかというようなことを考えることなく、愛の交歓のすべてを楽しむやり方を見つけました。私は、パートナーに認めてもらう必要がないのだということを発見し、それまでにない最高のときを過ごすようになりました。私は泣いたので、それをとてもはっきりと思い出せます。私は実際に別の人の身体を**感じ、**私がそれまでの人生で、セックスの間にずっと求めてきたものを経験しました。それは本当にセクシーでした！　そして、私がやらなければならないのは自分の考えを問い直し、自分を解放してもらうことだけとは！

❖ 必要なしの愛

僕とパートナーは、彼女の新しい友人と僕が会うための予定を立てようとしていました。彼女はその新しい友人のことがとても好きで、僕も好きになるだろうと思っていたのです。僕たち全員が一緒に会える時間を見つけることは無理そうでした。それで、僕は自分だけで彼女と会おうと提案しました。びっくりしたことには、僕のパートナーは、「二人が私よりも良い友だちになってしまう」「彼は私を捨てて彼女と暮らすようになる」というような恐ろしい考えをたくさん見つけだしました。すぐに僕たちは計画を立てるのをやめて、座って一緒にこれらの考えの問い直しをしました。そして結局、彼女は自分にとって本当に重要な一つの気づきに至ったのです。それは「私はあなたを必要としていない」というものでした。彼女は僕の目をしっかりと見て、それを僕に言いました。そして僕も同じことを彼女に言いました。なぜなら、その瞬間、僕も本当にそれに気づいたからです。それは、驚くほど親密な瞬間でした。僕は広々としたコミュニケーションを感じ、努力を要しない、約束のない、かけひきなしの結びつきを彼女との間に感じました。そして、同じく、自分との結びつきも感じました。それはまるで子宮の中で揺られる感じで、とても安全でした。今では、それが僕たちの関係の本当の基盤であると思えます。美しく、真実なのです。それを忘れてしまうと、僕は惨めな気持ちになります。惨めな気持ちが僕に思い出させてくれるのは、自分とその安全な基盤を遠ざけているのはどんな不安かを見てみようということです。

どんな人でも、どんな状況でも、問い直しができるのだということがわかるように、平凡な例を選びました。ひとたび自分の考えを問い直すとてもシンプルな秘密に気づけば、あなたは、人生を幸せに進んでいき、愛を感じ、自分のやりたいこと、愛にあふれたことをやっていけます。あるいは、コブにぶつかったら、現実と愛の実感から自分を引き離す考えを問い直していけます。そして、四つの質問とひっくり返しが、幸せに進んでいけるところまであなたを戻してくれるのです。ついには、「ワーク」はとてもシンプルなもの、つまり、幸せな人生を維持する方法になるのです。

自分はだれにでも愛されるべきだという思い込みに囚われると、そこから苦しみが始まる。私がよく言うのは、「私が祈るとすれば、それは、『神よ、愛を求めたり、認めてもらおうとしたり、評価してもらおうとする欲望から我を守りたまえ。アーメン』」ということだ。

第12章

愛そのもの

あなたはすでに愛なのです。愛は何も求めません。愛はすでに完璧なのです。何も求めないし、何も必要としないし、**すべき**こともありません。愛は、欲しいものはすでにすべてもっています。愛はすでに欲しいもののすべて**です**。ですから、人が、だれかのことを愛していてお返しに愛してほしいと言っているのを聞くと、その人は愛について話しているのではないということがわかります。何か別のことについて話しているのです。

時々、その瞬間に現れるストレスフルな考えが、愛に取って代わるように見えるかもしれません。それは錯覚への小旅行です。愛を求めることで、愛への気づきを失うのです。でも、あなたはその気づきを失うだけで、愛そのものを失うわけではありません。それはあり得ません。なぜなら、私たちは愛だからです。それは確固たることです。ストレスフルな考えを調べてあなたの頭がはっきりすると、愛はあなたの人生に流れ込んできます。そして、それについてあなたにできることは何もありません。

愛はすべてと結びつきます。無条件に。悪夢ですら避けません。それを楽しみにして、それから問い直します。あなたがパートナーから何かを求めているという信念から解放される以外に、結びつく方法はありません。それが本当の結びつきです。それは「ピンポーン！　あなたは宝くじに当たりました！」というような感じです。

パートナーから何かを求めるときは、私は単に尋ねます。彼がノーと言って、私がそれについて問題を感じれば、私は自分の考えを見てみる必要があります。なぜなら、私はすでにすべてをもっているからです。私たちはだれでもすべてをもっているのです。それが、私がここにこんなに快適に座っていられる理由です。私はあなたが私に与えたくないものは何もいりません。あなたが欲しくないのなら、私はあなたの自由すらいりません。私はあなたの平和すらいらないのです。

あなたが経験する真実は、私はあなたと結びつくことができるということです。あなたが私の心に触れるということです。そして、あなたの触れ方はとても親密なので、私の目には涙が浮かぶのです。私はあなたと結びつきました。そしてあなたには選択の余地がないのです。そして私はこれを何度も何度も、終わることなく、努力することなく続けます。それが、愛の交歓と呼ばれるものです。

愛は呼吸を否定しません。愛は一粒の砂も一片のほこりも否定しません。愛は自分自身を完全に愛していて、あらゆるかたちで、制限なく、自分の存在を通して自分自身を認めることをとても楽しみます。愛は、殺人犯やレイプ犯から聖人や犬や猫まで、すべてのものを包み込みます。愛はとても広大なもので、あなたを燃やし尽くすこともできるほどです。愛はとても広大なので、あなたにできることは何もありません。あなたにできることは、愛でいることだけなのです。

付　章

問い直しのためのさらなるツール

以下のリストは、四つの質問のそれぞれについて、抵抗の強い考えを調べるときに役に立つであろう追加質問です。

質問1　それは本当ですか？

あなたの答えがノーであれば、質問3に行ってください。

可能な追加質問は、

●現実はどうでしょうか。それは起こりましたか？（これは、調べている考えが**べき**を含むときには最初に尋ねるべき質問であることが多いようです。――「夫は私の話を聞くべきだ」「これは起こるべきではない」。問い直しは、現実にだけ関係があるものです。「彼は……すべき」（やっていないときに）は、現実と争う考えです。これは、真実に向けての問い直しをしているときには役に立ちません。夫がすべきことは、夫がやっていることです。ですから、「彼は思いやるべきだ——それは本当？」の答えはいつもノーです。彼が思いやっているとあなたが思うまでは。「これは起こるべきではない」は、それが起こっていないのでなければ、真実であるわけがありません）。

質問2 それが本当だと、絶対に言いきることができますか？

可能な追加質問は、

- あなたは神（あるいは現実）よりも知ることができるのですか？
- あなたがやっていることは、だれがやるべきことですか？
- あなたは長期的に見て、相手（あるいは自分）にとって最善のことを本当に知ることができますか？
- 自分が求めるものを得られたら、自分は幸せになる、あるいは自分の人生は改善する、と言いきることができますか？

質問3 その考えを信じると、あなたはどうなりますか？

可能な追加質問は、

●その気持ちはあなたのどこに起こるでしょうか？　その考えを信じたとき、あなたは身体のどこでそれを感じますか？　それを説明してください。それを考えたとき、あなたの気持ちによって何が明らかになるでしょう？　あなたの気持ちを押さえつけず自由にさせ、そして、その気持ちがあなたの身体のどれだけの部分に影響を与えるかに気づいてください。その気持ちによって、あなたはどうなりますか？

●その考えを信じたとき、浮かぶとしたらどんな絵が浮かびますか。

●その考えを信じたときに、あなたは他人にどのような態度をとりますか？　具体的に何を言いますか？　具体的に何をしますか？　あなたの考えが攻撃するのはだれですか？　どうやって攻撃しますか？　あなたの反応を説明するときには、できる限り詳細にやってください。

●その考えを信じたとき、あなたは自分自身をどのように扱いますか？　これが嗜癖のきっかけになって、食べ物や、アルコール、クレジットカード、テレビのリモコンに手を伸ばすのですか？　あなたには自分を嫌う考えがありますか？　どんな考えですか？

●その考えを信じたとき、人生をどのように生きてきましたか？　具体的に答えてください。過去にさかのぼってください。

●その考えを信じたとき、あなたの頭は何を考えますか？

●その考えを信じたとき、あなたはだれがやるべきことをやっているのでしょうか？

●その考えはあなたの人生に平和とストレスとどちらをもたらしますか？

●その信念にしがみついていることで得るものは何ですか？

●その考えをやめたほうがよい理由を思いつきますか？（そして、どうぞやめようと努力しないでください。）

●その考えを維持する理由で、ストレスのないものを思いつきますか？　もしもイエスなら、列挙してください。それらの理由は、本当にストレスがありませんか？　ストレスはあなたの生活と仕事にどのような影響を与えますか？

質問4　その考えがなければ、あなたはどんな人になりますか？

可能な追加質問は、

- その考えを信じていなければ、あなたはどんな人になるでしょう？
- 目を閉じて、その考えをもたずにその人と一緒にいるところ（あるいはその状況にいるところ）を想像してください。どんな感じがするか述べてください。何が見えますか？
- 相手についての何の信念ももたずに、その人と初めて会ったところを想像してください。何が見えますか？
- **たった今**あなたはどんな人ですか？　ここに座って、その考えをもたずにいるあなたは？
- その考えがなければ、どのように人生を生きていきますか？　その考えを信じる能力がなければ、あなたの人生はどのように違ってくるでしょうか？
- その考えがなければ、他人にどのような違う扱いをするでしょうか？

その考えをひっくり返す

書いた文章は、自分に向けて、相手に向けて、そして正反対にひっくり返すことができます。ひっくり返しが、もとの文章と同じかそれ以上に正しいという理由を、三つ見つけてください。具体的に、そしてできるだけ詳細にやってください。

可能な追加質問は、

● このひっくり返しは、もとの文章と同じかそれ以上に正しいですか？
● このひっくり返しを、あなたの今の生活のどこで経験していますか？
● このひっくり返しのとおりに生きれば、あなたは何をしますか？　あるいは、どんなふうに違う人生を生きますか？
● 同じくらいかそれ以上に正しいひっくり返しを、ほかに見つけることができますか？

「周りの人に評価を下そう」ワークシート

周りの人に評価を下して・書き出し・四つの質問をして・ひっくり返す

以下の空白を埋めてください。あなたがまだ一〇〇パーセント許せていない人について書いてください（まだあなた自身のことは書かないでください）。短く、シンプルな文章を使ってください。検閲はしないでください。批判的で、狭量になってください。まるでその状況がたった今起こっているかのように、怒りや痛みを十分に感じるようにしてください。この機会を使って、あなたの評価を紙に書きましょう。

［1］あなたは、だれに対して腹を立てて（あるいは、欲求不満を感じて、混乱して）いますか？　なぜですか？　あなたが憤っている相手はだれですか？　その人について好きでないところはどこですか？

（例：私は ポール に腹を立てています。その理由は、 彼は私の話を聞かず、私のことを評価せず、私が言うことすべてに反論するからです。 ）

私は□（人の名前）に□。

その理由は□。

［2］あなたは、その人にどう変わってほしいですか？　あなたは、その人に何をしてほしいですか？

私は□（人の名前）に□。

［3］その人がすべきこと（そうあるべきこと、考えるべきこと、感じるべきこと）、すべきでないこと（そうあるべきでないこと、考えるべきでないこと、感じるべきでないこと）は何ですか？

あなたはどんなアドバイスをしますか？

（人の名前）は、

べきだ／べきでない。

[4] あなたを幸せにするために、その人は何をする必要がありますか？

（人の名前）は、

をする必要がある。

[5] その人についてどう思いますか？　列挙してください。

（人の名前）は、

。

［6］　その人に関してあなたが二度と経験したくないことは何ですか？

私は二度と　　　　　　　　　　　　　　　　　　　　。

質問6のひっくり返し

質問6の答えのひっくり返しは、ほかのひっくり返しと少し違います。「私は二度とポールと喧嘩をしたくない」のひっくり返しは、「私はポールとまた喧嘩を**したい**し、私はポールと喧嘩をするのを**楽しみにしている**」となります。

6のひっくり返しは、あなたのすべての考えと経験を、両手を広げて歓迎するということです。あなたがある考えに対して、何であれ抵抗を感じるのであれば、あなたの「ワーク」は完了していません。以前は不愉快だった経験を正直に楽しみにできるのであれば、人生にはもはや何も恐れることはありません――あなたはすべてを、自分の人生に愛と笑いと平和をもたらしてくれる贈り物として見ることができるのです。

自分のやるべきことだけをするための練習

エクササイズ

あなたが怒ったり感情的になったりするとき、あるいは「あの人は〔　　〕すべきだ、あの人は〔　　〕すべきでない、あの人は〔　　〕する必要がある」などと言ったり考えたりしているようであれば、ちょっと尋ねてみましょう。**それは本当だろうか？　その人のことが私にわかるのだろうか？　私は自分がやるべきことをはみ出しているのだろうか？**　それから、ひっくり返して、**私は〔　　〕すべきだ、私は〔　　〕すべきでない、私は〔　　〕する必要がある、**などとしましょう。あなたがほかの人にあげようとしていた処方箋を、自分自身にあげて、何が起こるか見てください。

エクササイズ

求められてもいないアドバイスをしたい（声に出すにしろ、心の中にしろ）という衝動に駆られたら、あるいは、だれかにとって何が正しいかを自分が知っていると思ったら、自分自身に尋ねましょう。**私はだれのやるべきことをしているのだろう？　だれか私に意見を求めただろうか？　ほかの人にとって何が正しい**

かを私は知ることができるのだろうか？　それから、自分自身のアドバイスを聞きましょう。そして、あなたのアドバイスはあなたに向けられたものなのだということを知りましょう。自分のやるべきことだけをして、幸せになりましょう。

訳者あとがき

本書はバイロン・ケイティの二冊目の著作です。

二〇〇二年に出版されたバイロン・ケイティの最初の著書『あるがままを愛する』(原題:*Loving What Is* 邦題:『人生を変える4つの質問』)は世界中に衝撃を与えました。たった四つの質問とひっくり返しからなるシンプルな「ワーク」が、人の人生を根底から変えてしまうということが世界各地で実際に経験されたからです。

バイロン・ケイティ自身は、精神療法の専門家でも何でもありません。南カリフォルニアに住み、夫と三人の子どもをもつ、ごくありふれたビジネスウーマンでした。彼女は三十代に重度のうつになりました。約一〇年間、うつはどんどんひどくなり、そのうち約二年間はベッドからほとんど出られず、自分には価値がないと感じて自殺のことばかり考えていました。彼女は肥満し、子どもたちをいつも怒鳴り散らし、枕の下に拳銃を入れて寝ていました。

とうとう、彼女は摂食障害の社会復帰センターに入所しました。彼女の保険で支払いがきくのはそこしかなかったからです。彼女の病状にはまったく合っていない選択でしたが、ここで彼女の人生が変わりました。他の患者を怖がらせるという理由で屋根裏部屋に隔離されていた彼女は、自分はベッドに寝る価値すらないと感じて床で寝ていましたが、ある朝起きるとすべてが変わっていました。彼女は一つのことに気づいたのです。それは、自分を苦しめるのは「現実」ではなく信じている「考え」だということです。あるがまま（＝現実）に反することを信じると苦しくなり、信じなければ心が安らかになるということに彼女は気づいたのです。

彼女の気づきは一九八六年のことでした。まず子どもたちが安心しました。もう二度と母親を恐れる必要がなくなったからです。その後、彼女は住んでいる町で「輝く女性」と言われるようになり、町中の人が悩み事をもってやって来ました。彼女は悩んでいる人たちにシンプルな「ワーク」を繰り返しました。そしてその効果はどんどん知られるようになり、今では世界各地を飛び回って「ワーク」を広めています。

自分の思考にさまざまな角度から光を当てるという手法は、認知療法に似ています。でも、この「ワーク」は、認知療法のように専門知識やトレーニングを要しません。どこにも通わずに自分自身で行うことができます。専門家のアドバイスもいりません。ただ、四つの質問をして、ひっくり返すだけなら、誰にでもできるからです。治療構造も必要ありません。必要なのは紙と鉛筆だけです。

そんなに簡単なものは眉唾だと思われるかもしれません。「ワーク」には常にその批判がつきまといます。私自身も米国在住中に「ワーク」を知ったときには、はじめ、「こんなに簡単なわかり切ったやり方で人が変わるわけがない」と思いました。でもその後、いろいろな証拠を目の当たりにして、考えを変えざるを得なくなりました。

まず、米国カリフォルニア州のサン・クエンティン刑務所。むくつけき男性ばかりが集まる男子刑務所です。私はそこで「ワーク」のクラスをボランティアとして手伝っていました。

そして、こんなにシンプルな手法であるにもかかわらず、計り知れない効果を受刑者たちに及ぼしている様子に深い感銘を受けました。受刑者たちは多かれ少なかれ怒りのコントロールがうまくできなかった結果として刑務所に入っているのですが、「この『ワーク』のおかげで、今では怒りのコントロールには自信がある。今まで刑務所を出たり入ったりしていたけれども、もう入らないですむと思う」とはっきり言ってくれる人もいました。口先だけではありません。「ワーク」に出会うまでは刑務所内でも喧嘩ばかりしていたのに、今では、相手からかなり挑発されても、ただ静かに首を振っていられるという様子が、他の受刑者からも報告されていました。

刑務所でのグループには私たちのようなファシリテーターがいますが、やるべきことを説明したあとは、受刑者たちがどんどんワークを進めていきます。初めて参加したという受刑者も、すぐにコツを覚えていきます。受刑者たちはバイロン・ケイティの本を読んだわけでもありません。ただ四つの質問とひっくり返しというポイントだけ学べば、誰にでもできるのです。

刑務所以外でも、「ワーク」は大きな力を発揮していました。四十数年の結婚生活の間、自分を虐待しつづけた亡夫を許せずにいた七十代の女性が、「ワーク」に出会って、夫との関係から自分の人生のあり方まですべてを見直し、とても生き生きとした人になりました。同性愛者であるために家族から迷惑扱いされてきた四十代のパニック障害の女性が、「ワーク」に出会って自分を愛せるようになり、人のことも信頼できるようになりました。いろいろな人たちが、「ワーク」に出会って変わっていきました。そして、その人たちは、だれもバイロン・ケイティ本人に会ってすらいないのです。バイロン・ケイティは大変カリスマ性のある女性ですが、彼女のカリスマ性がなくても「ワーク」はそれ自体が完成したものだという良い証拠だと思います。

「ワーク」を世に知らしめた一冊目の著書に続いて、本書は、特に「愛」と「認められたい気持ち」に焦点を当てて、さらに「ワーク」の真髄を見せてくれます。精神科医としての私の専門は対人関係療法ですが、私たちの心の健康が、実は他人との関係性に大きく左右されるということは周知の事実です。そのため私たちは、つい「いかにして人から愛されるか」「いかにして人から認められるか」ということに目を向けがちです。「ワーク」の結論は、「私たちは愛されることが必要で、認められることが必要だ」という考えがそもそも真実ではないということです。そしておもしろいことに、愛される必要もなく認められる必要もないということがわかると、私たちは他人を愛して認められるようになるのです。もちろん、自分自身のことも。

それがどういうことかわからない、という方は、ぜひ本書をじっくり読んでください。そして紙と鉛筆を持って「ワーク」を繰り返してみてください。人からの愛や賞賛を求める必要がないとわかると、どれほど私たちの人生が豊かになるかを実感できると思います。そして、その結果、人と本当のつながりを感じられるようになるのです。

バイロン・ケイティは、自分を苦しめる思考を、砂漠で出会ったヘビにたとえています。たった一人で砂漠にいるときに巨大なヘビに出会ってしまい、もうだめだと思った瞬間、ふとヘビをもう一度よく見てみたのです。すると、それはヘビではなく、ただのロープでした。ヘビではなくロープであることを知ってしまえば、安心していつまでもそこにいられます。頭の中にあるすべてのストレスフルな考えは、実はこの「ヘビに見えるロープ」だとバイロン・ケイティは言っています。私たちは本当はロープであるものをヘビだと信じて怖がってみたり絶望してみたりしているのです。

他人に「あなたがヘビだと思っているものは、実はロープなのですよ」と教えることはできます。相手は楽になりたくて、それを信じようとするでしょう。でも、自分自身がヘビを直視してロープだということに気づかなければ、その人にとってヘビはヘビのままなのです。本当の安心は訪れません。

「ワーク」は、ヘビを直視してロープであることに気づくための、効果的なツールです。「ワーク」を繰り返し行えば、自分の頭の中にある「ヘビ」の正体が、実はただのロープであるということに必ず気づくことでしょう。自分の幸せに責任をもつのは自分自身だということを「ワーク」は教えてくれますが、それはとりもなおさず、自分自身が決めれば、いつでも自分は幸せになれるということなのです。

最後になりますが、日本語訳を快く許可してくれたバイロン・ケイティ、いつも「人の役に立つものなら」と無理を聞いて支えてくださる創元社の渡辺明美さんに、心より感謝申し上げます。そして、私に「ワーク」の真価を実感させてくれたサン・クエンティン刑務所の受刑者の皆さんにも心から感謝いたします。彼らの一部は出所後にバイロン・ケイティの奨学金を受けて、彼女のスクールに参加して学びを深めています。

受刑者のなかには、あまりにも自分の人生が変わったので、「もっと早くこの『ワーク』に出会っていれば」と悔やむ人もいました。そういうとき、私たちはすかさず「『ワーク』に出会ったのは遅すぎた。それは本当？」と問い直したものです。すると、「絶対に本当だとは言いきれない。自分はこれから『ワーク』を生かしてより良い人生を歩んでいける。そもそも、刑務所に入ったおかげで『ワーク』に早く出会えた。また、バイロン・ケイティ自身も、『ワーク』に出会うために四〇年以上もかかったのだから、自分が遅すぎたということもない」などという答えが返ってきました。過去を悔やんでいた人の表情は、もう明るくなっています。

本書の出版を機に、一人でも多くの方が「ワーク」に出会い、自分の考えを否定するのでもなく、何かの「気休め」を無理やり信じようとするのでもない、新しいやり方に親しまれることを心から祈っております。

二〇〇七年六月

水島　広子

❖ 著者紹介

バイロン・ケイティ（Byron Katie）

1986年から、独自の「ワーク」に基づいた面談を開始。夫との共著"Loving What Is"は、世界中で大きな反響を呼んだ。その後、世界各国を旅し、何十万人もの人々にワークを教えている。

❖ 訳者紹介

水島広子（みずしま　ひろこ）

慶應義塾大学医学部卒業・同大学院修了（医学博士）。

慶應義塾大学医学部精神神経科勤務を経て、現在対人関係療法専門クリニック院長、慶應義塾大学医学部非常勤講師（精神神経科）、アティテューディナル・ヒーリング・ジャパン代表。

2000年6月～2005年8月、衆議院議員として児童虐待防止法の抜本改正などを実現。1997年に共訳『うつ病の対人関係療法』（岩崎学術出版社）を出版して以来、日本における対人関係療法の第一人者として臨床に応用するとともに普及啓発に努めている。2005年12月～2006年7月には、米国に住みNPOアティテューディナル・ヒーリング・センターでボランティア。

主な著書に『怖れを手放す　アティテューディナル・ヒーリング入門ワークショップ』（星和書店）、『自分でできる対人関係療法』『対人関係療法でなおすうつ病』（創元社）、『拒食症・過食症を対人関係療法で治す』（紀伊國屋書店）、『「うつ」が楽になるノート ― みんなの対人関係療法』（PHP研究所）、『怖れの眼鏡をはずせば、すべてうまくいく！』（大和出版）など、訳書に『臨床家のための対人関係療法クイックガイド』（創元社）、『対人関係療法総合ガイド』（岩崎学術出版社）などがある。ホームページ http://www.hirokom.org

探《さが》すのをやめたとき愛《あい》はみつかる
――人生を美しく変える四つの質問

2007年 7月20日 第1版第1刷　発行
2010年11月20日 第1版第7刷　発行

著　者 ……………………… バイロン・ケイティ
訳　者 ……………………… 水　島　広　子
発行者 ……………………… 矢　部　敬　一
発行所 ……………………… 株式会社 創元社

http://www.sogensha.co.jp
本社　〒541-0047 大阪市中央区淡路町 4-3-6
Tel.06-6231-9010 Fax.06-6233-3111
東京支店　〒162-0825 東京都新宿区神楽坂 4-3
煉瓦塔ビル Tel.03-3269-1051

印刷所 ……………………… 株式会社太洋社
編集協力 …………………… 株式会社見聞社

ISBN978-4-422-11396-8 C1011